E. Renner

Metalltechnik

Technologie

Grundstufe

11. Auflage

Bestellnummer 0423

Bildungsverlag EINS – Kieser

Bildquellenverzeichnis:
Für die freundliche Unterstützung durch Bildmaterial danken wir
BEW Umformtechnik Westheim
Degussa AG
Giess & Quanz GmbH
Gute-Hoffnungs-Hütte AG, Oberhausen
Hahn u. Kolb GmbH, Stuttgart-Feuerbach
Industrie und Handelskammer Mittlerer Neckar (PAL)
LEW Lech Elektrizitätswerke, Augsburg
Mengele GmbH, Günzburg
Verein deutscher Eisenhüttenleute VdEH, Düsseldorf
Fa. PAV

www.bildungsverlag1.de

Gehlen, Kieser und Stam sind unter dem Dach des Bildungsverlages EINS zusammengeführt.

Bildungsverlag EINS
Sieglarer Straße 2, 53842 Troisdorf

ISBN 3-8242-**0423**-1

Bemerkungen zu den Arbeitsblättern

1. Zum Inhalt der Arbeitsblätter:

a) Den Arbeitsblättern liegen die **Lehrpläne** nach der Neuordnung der industriellen Metallberufe zugrunde.

b) Aufgaben mit Bezug zur Praxis sind mit Raster unterlegt.

2. Zur Absicht der Arbeitsblätter:

Die Arbeitsblätter wollen das **Wichtige und Wesentliche** der einzelnen Lehreinheiten in **übersichtlicher und deshalb einprägsamer** Weise festhalten. Sie wollen nicht das Lehrbuch ersetzen. Sehr wohl dagegen eignen sie sich zur Arbeit mit dem Lehrbuch. Die Arbeitsblätter können grundsätzlich zusammen mit allen gängigen Fachkundebüchern verwendet werden.

3. Zum Einsatz der Arbeitsblätter:

Es bieten sich drei grundsätzliche Möglichkeiten an:

a) **Einsatz als vorbereitende Hausaufgabe:** Der Schüler arbeitet zu Hause unter Verwendung des Fachkundebuches ein bestimmtes Thema durch. Es empfiehlt sich dabei, mit Bleistift zu schreiben, damit in der Schule noch Korrekturen vorgenommen werden können.

b) **Einsatz als nachbereitende Hausaufgabe:** Nach der Besprechung einer Lehreinheit im Unterricht arbeitet der Schüler zu Hause das entsprechende Arbeitsblatt durch.

c) **Einsatz während des Unterrichts:** Jeder Einzelabschnitt einer Lehreinheit (A, B, usw.) dient dabei als Teilziel im Unterricht. Ist dieses Teilziel erarbeitet, wird anschließend sofort der entsprechende Abschnitt ausgefüllt.

Inhaltsverzeichnis

Name:	Klasse:	Datum:

A. Arten des Prüfens

Welche zwei grundsätzlichen Arten des Prüfens unterscheidet man?

______________________	______________________
Das Ergebnis dieser Art des Prüfens ist ein ______________-wert.	Das Ergebnis dieser Art des Prüfens ist **kein Zahlenwert.** Man stellt fest, ob das Werkstück den ______________________ an die Genauigkeit entspricht, d. h. ob es ______________ oder ______________________ ist.

B. Messgeräte

Wie bezeichnet man die folgenden Werkzeuge, die beim Messen verwendet werden?

Messgerät	Bezeichnung	Messgenauigkeit
	______________ ______________	______________ ______________
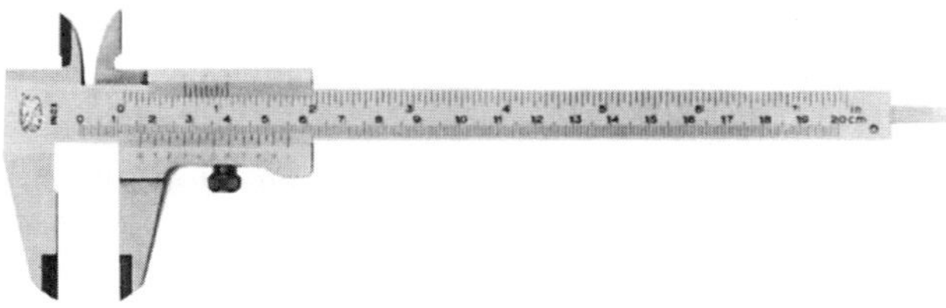	______________ ______________	______________ ______________
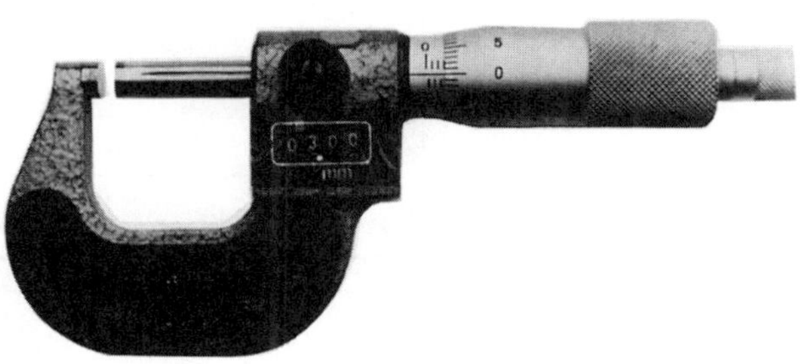	______________ ______________	______________ ______________
	______________ ______________	______________ ______________

(Fortsetzung nächste Seite)

Messgerät	Bezeichnung	Messgenauigkeit
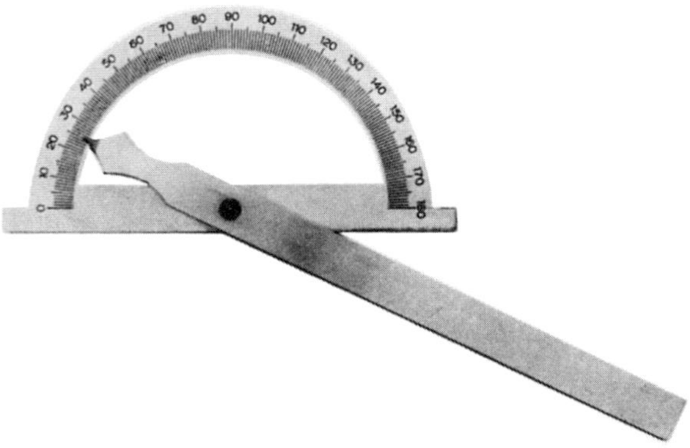		
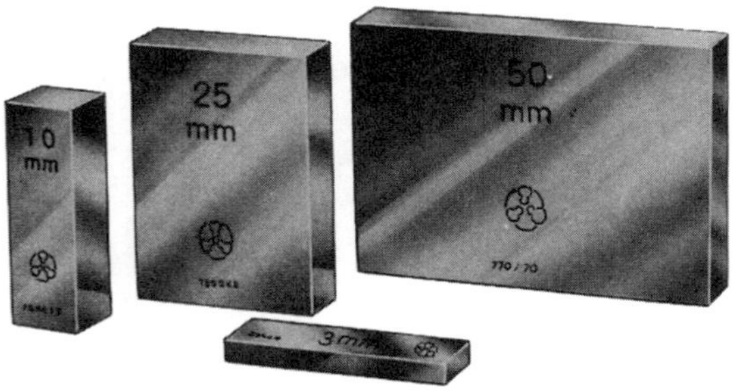		Verwendung:

C. Lehren

1 Wie heißen die folgenden Werkzeuge, die als Lehren verwendet werden?

Werkzeuge	Bezeichnung	Verwendung

(Fortsetzung nächste Seite)

Name:	Klasse:	Datum:

Werkzeug	Bezeichnung	Verwendung

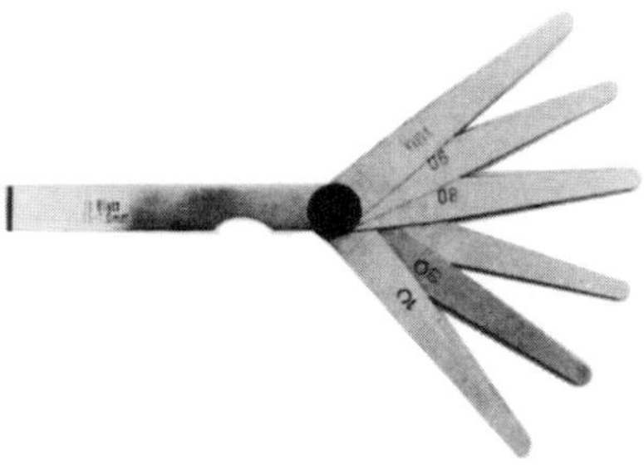		

2 Lehren, die dazu dienen, eine bestimmte Form nachzuprüfen, bezeichnet man als **Formlehren (F)**. Lehren, mit denen man prüfen kann, ob das Werkstück zu groß oder zu klein ist, nennt man **Maßlehren (M)**. Kennzeichnen Sie die abgebildeten Lehren mit F oder M.

D. Toleranzen

Ein glattes, ganz präzises Maß (z. B. 60,000 ...) lässt sich in der Fertigung nicht erzielen; es kann immer nur annäherungsweise erreicht werden. Mit zunehmender Genauigkeit steigen außerdem die Fertigungskosten in erheblichem Maße. Deshalb werden bereits in der technischen Zeichnung solche Maßabweichungen festgelegt, dass das Werkstück einerseits wirtschaftlich gefertigt werden kann, andererseits in seiner Funktion nicht beeinträchtigt wird.

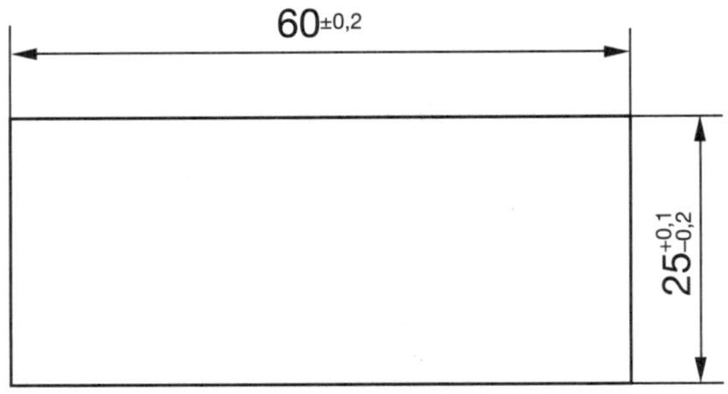

1 Was bedeutet das Maß $25^{+0,1}_{-0,2}$?

Das Maß $25^{+0,1}_{-0,2}$ bedeutet, dass das tatsächliche Maß des ____________ Werkstücks ____________

den Maßen ________ mm und ________ mm liegen muss.

Man nennt ein solches Maß auch ____________________ .

Dabei bezeichnet man

a) das Hauptmaß (hier: 25,0) als	____________	____
b) die bildliche Darstellung der Bezugslinie für das Nennmaß (25,0) als	____________	____
c) die Grenzwerte der zulässigen Abweichungen (hier: + 0,1 und – 0,2) als	____________	* ____
die + Abweichung als	____________	____
die – Abweichung als	____________	____
d) das kleinste Maß, das das Werkstück haben darf (hier: 24,8), als	____________	____
e) das größte Maß, das das Werkstück haben darf (hier: 25,1), als	____________	____
f) Mindestmaß und Höchstmaß zusammen als	____________	____
g) den Maßbereich zwischen dem Höchstmaß und dem Mindestmaß (hier: 24,8 ... 25,1 ≙ 0,3) als	____________	____
h) das tatsächliche Maß, das das fertige Werkstück hat, als	____________	____

Ein Werkstück ist richtig hergestellt, wenn das ____________ zwischen dem ____________

und dem ____________ liegt.

2 Ergänzen Sie die Tabelle.

	$35^{+0,2}_{-0,1}$	$120^{+0,1}_{-0,3}$	$45^{+0,2}$	$60^{\pm 0,2}$	$120^{+0,4}_{+0,1}$	$120^{-0,1}_{-0,4}$
Nennmaß	______	______	______	______	______	______
oberes Abmaß	______	______	______	______	______	______
unteres Abmaß	______	______	______	______	______	______
Mindestmaß	______	______	______	______	______	______
Höchstmaß	______	______	______	______	______	______
Maßtoleranz	______	______	______	______	______	______

* E bei Bohrungen oder bohrungsähnlichen Formen, e bei Wellen oder wellenähnlichen Formen

Name:	Klasse:	Datum:

E. Direktes und indirektes Messen

Worin besteht der grundsätzliche Unterschied zwischen den abgebildeten Messverfahren? Wie bezeichnet man diese Messverfahren?

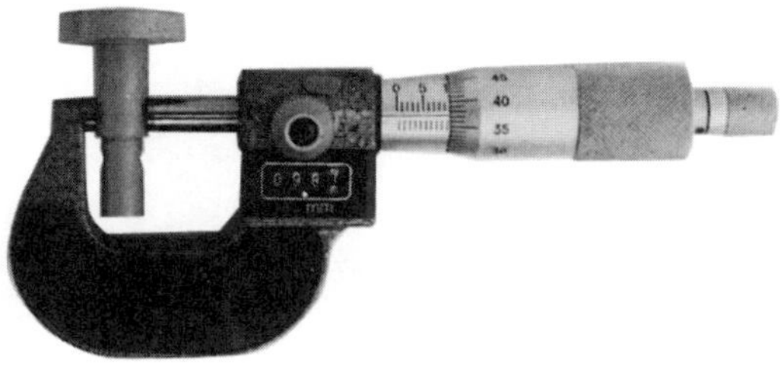

a) Bei diesem Verfahren wird der ______________ über das Messgerät ______________ ermittelt.

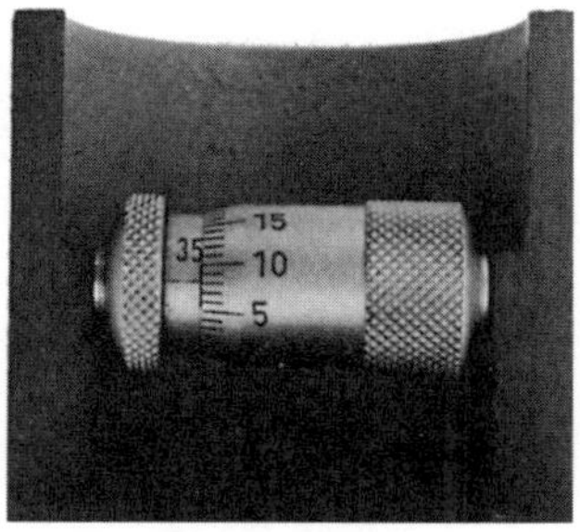

____
(Bezeichnung des Verfahrens)

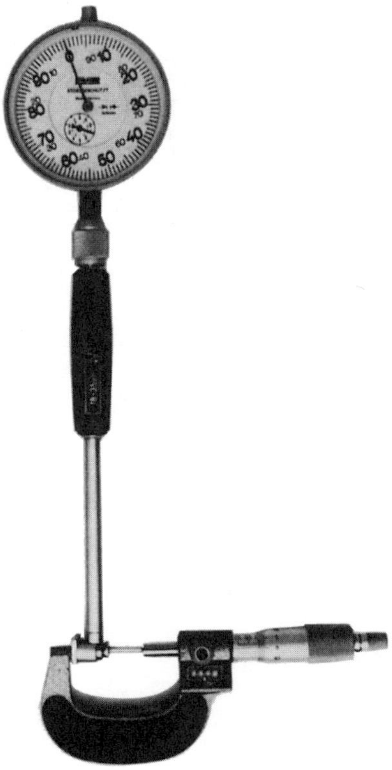

b) Bei diesem Verfahren wird das **Nennmaß** an einer Messschraube **eingestellt.** Das Innenmessgerät wird dann in die Messschraube eingesetzt und die ______________ der Messuhr auf ______________ gestellt. Wenn das Innenmessgerät anschließend in das Werkstück eingesetzt wird, gibt der ______________ der Messuhr die ______________ vom Nennmaß an.

____
(Bezeichnung des Verfahrens)

F. Allgemeintoleranzen

1 Maße ohne Toleranzangaben werden als Freimaße bezeichnet. Für sie gelten die sog. Allgemeintoleranzen. Ermitteln Sie mit Hilfe Ihres Tabellenbuches, welche Toleranzklassen innerhalb der Allgemeintoleranzen für Längen- und Winkelmaße unterschieden werden.

Toleranzklassen für Längen- und Winkelmaße

Benennung	Kurzzeichen
______	______
______	______
______	______
______	______

2 Worauf beziehen sich die Allgemeintoleranzen für Längenmaße?
(Beispiele)

____

3 Ermitteln Sie mit Hilfe Ihres Tabellenbuches die Mindest- und Höchstmaße der mit (1) bis (6) gekennzeichneten Maße an dem 5-mm-Stahlblech. (Toleranzklasse: mittel)

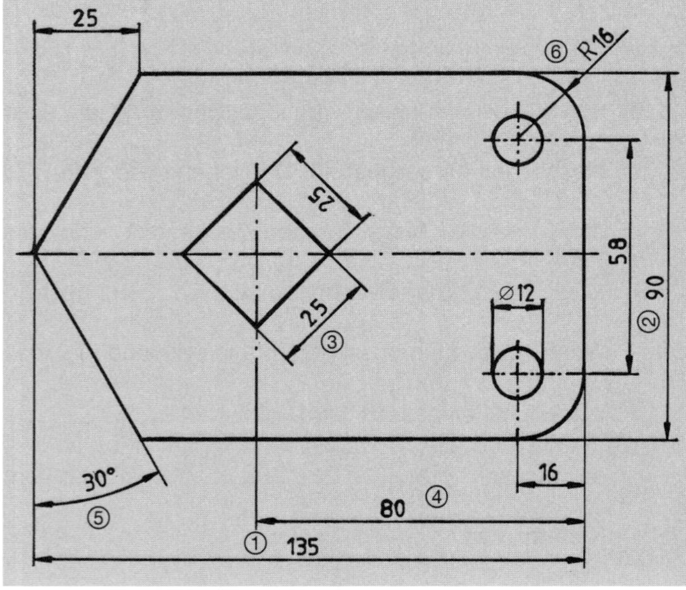

	Nennmaß	Mindestmaß	Höchstmaß
1			
2			
3			
4			
5			
6			

Name: Klasse: Datum:

A. Einteilung der Fertigungsverfahren

Bei der Herstellung von Werkstücken werden unterschiedliche Verfahren angewendet. Diese Fertigungsverfahren lassen sich in 6 Hauptgruppen einteilen. Ergänzen Sie die folgende Übersicht.

Verfahren					
______	______	______	______	______	______
Aus »formlosem« Stoff (z. B. Schmelzgut, Pulver) wird ein fester Körper mit bestimmter Form hergestellt.	Die Form eines Körpers wird durch Einwirken einer äußeren Kraft plastisch verändert.	Die Form eines Körpers wird verändert, indem der Werkstoffzusammenhalt an bestimmten Stellen aufgehoben wird.	Zwei oder mehrere Werkstücke werden miteinander verbunden.	Auf ein Werkstück wird eine fest haftende Schicht aus »formlosem« Stoff aufgebracht.	Die Stoffeigenschaften eines Werkstücks werden durch Umlagern, Aussondern oder Einbringen von Stoffteilchen verändert.
Beispiele					

A. Trennverfahren: Zerteilen und Spanen

1 Wie bezeichnet man die dargestellten grundsätzlichen Verfahren des Trennens?
Nennen Sie dazu jeweils beispielhaft drei Einzelverfahren.

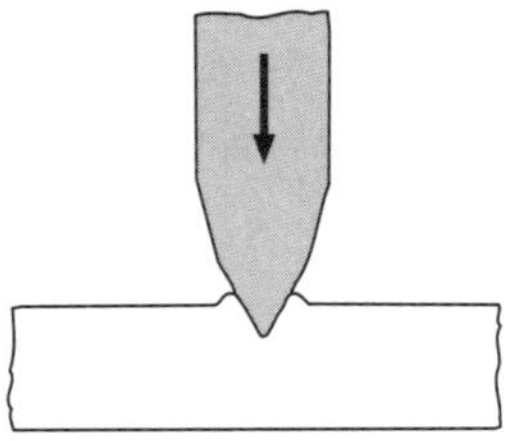

____

Beispiele: ______________________________

____

____

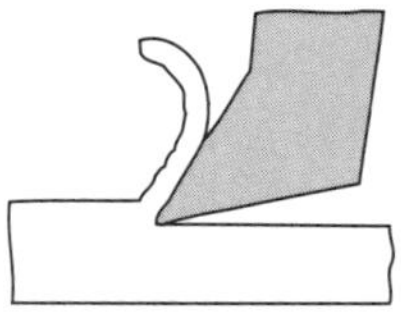

____

Beispiele: ______________________________

____

____

2 Die verschiedenen Verfahren des Zerteilens und Spanens können in manuelle (Hand-) und maschinelle (Maschinen-) Verfahren eingeteilt werden. Stellen Sie diese Verfahren in der Tabelle zusammen und ordnen Sie den Fotos die entsprechenden Verfahren zu.

manuelle Verfahren	maschinelle Verfahren

____

____

____

____

Name:	Klasse:	Datum:

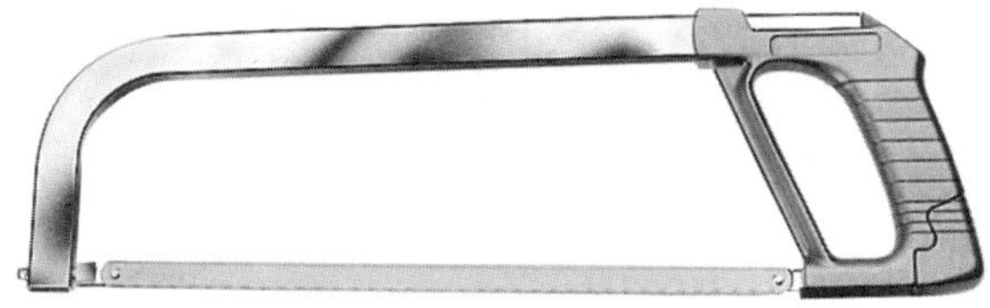

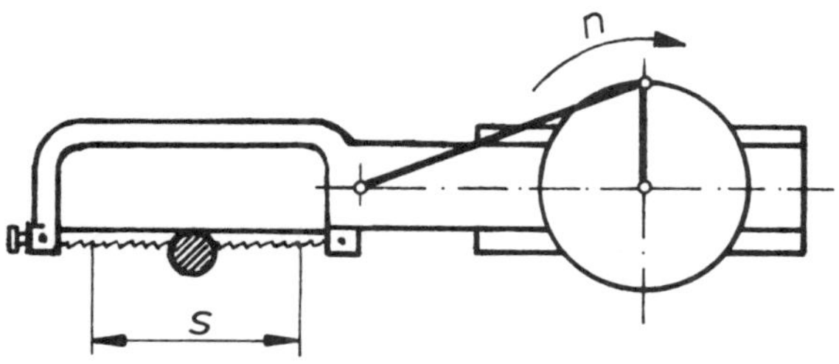

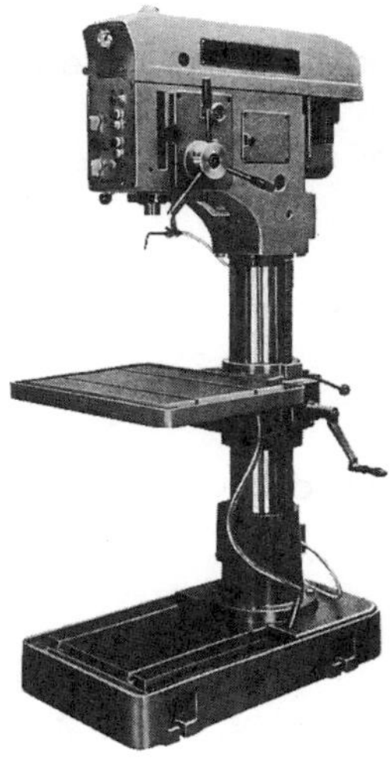

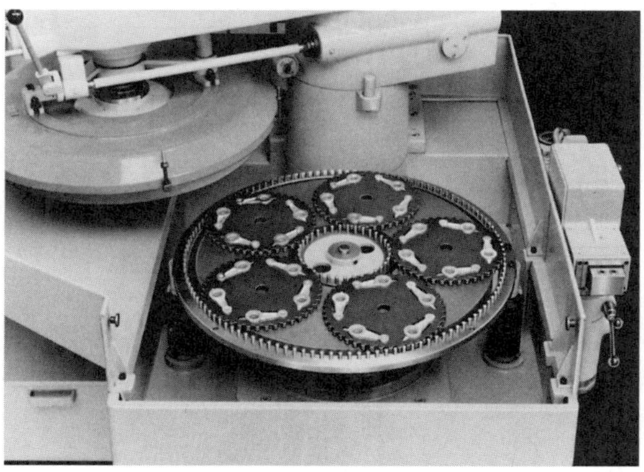

B. Kräfte am Keil

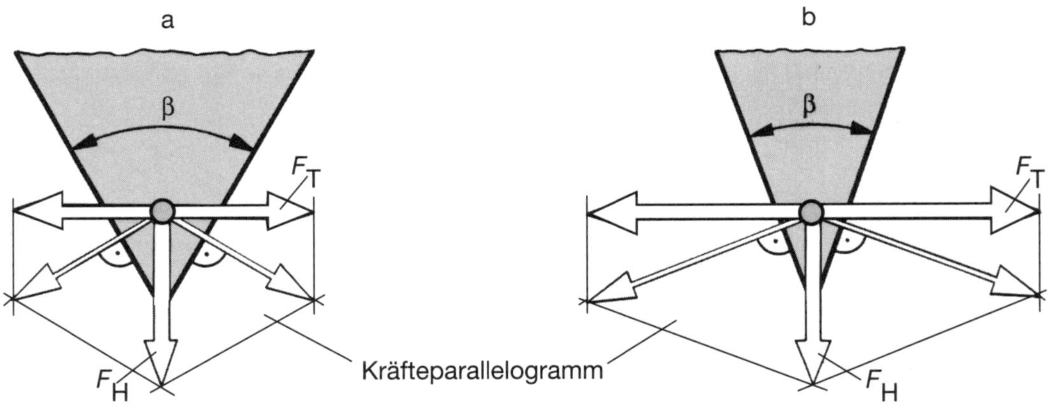

F_H ≙ Hauptkraft

F_T ≙ Trennkraft

1 Kennzeichnen Sie die Pfeile für die Trennkraft mit Farbe.

2 Welcher Keil entfaltet die größere Trennwirkung?

Keil ______, weil die ________________________ dort ____________________ ist.

3 Welche Regel lässt sich daraus ableiten?

Je ____________________________ der Keilwinkel, umso ____________________________ die Trennwirkung des Keils.

oder anders ausgedrückt:

Je __________________________ der Keilwinkel, umso ____________________________ der Kraftaufwand beim Trennen.

C. Winkel an der Werkzeugschneide

Wie nennt man die Winkel α, β und γ an der Werkzeugschneide?

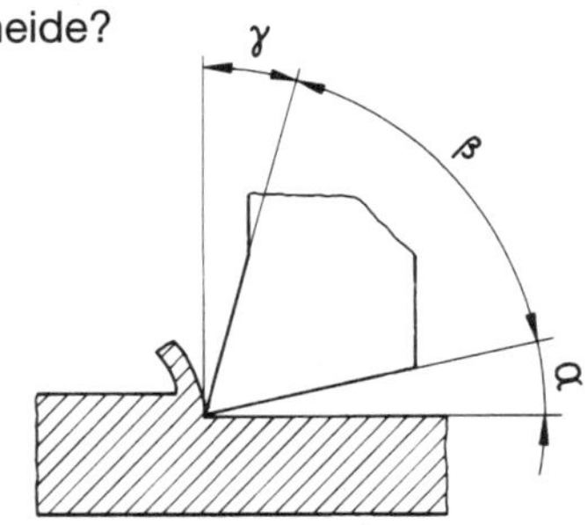

α (alpha) = ______________-winkel

β (beta) = ______________-winkel

γ (gamma) = ______________-winkel

D. Keilwinkel

Welche Arbeitsregel gilt für die Größe des Keilwinkels beim Zerteilen und Spanen?

Für **harte** Werkstoffe (z. B. Stahl, Grauguß): ____________________ Keilwinkel

Für **weiche** Werkstoffe (z. B. Aluminium): ____________________ Keilwinkel

Begründen Sie diese Arbeitsregel.

Wenn **harte Werkstoffe** mit Schneiden, die einen **kleinen Keilwinkel** haben, bearbeitet werden, wird die

____________________ schnell ____________________.

Name:	Klasse:	Datum:

E. Freiwinkel

1 Welchen Zweck hat der Freiwinkel?

Der Freiwinkel soll die ______________ zwischen Werkstück und Werkzeugschneide ______________.

2 Wie groß soll der Freiwinkel an Werkzeugschneiden sein?

____

F. Spanwinkel und Spanform

1 Stellen Sie die Größe der jeweiligen Spanwinkel fest (großer – mittlerer – kleiner Spanwinkel).

2 Welche Art von Spänen bildet sich gewöhnlich bei den jeweiligen Spanwinkeln?

______________ Spanwinkel

⇓

____

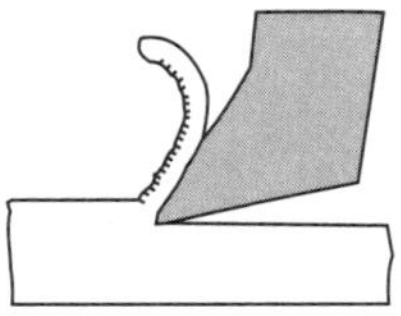

______________ Spanwinkel

⇓

____

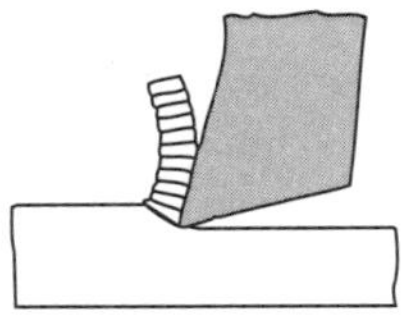

______________ Spanwinkel

⇓

____

G. Spanform und Arbeitsauswirkungen

1 Welchen Nachteil haben Reißspäne und Fließspäne?

Reißspäne: ____

Fließspäne: ____

2 Welche Einflüsse fördern

eine Fließspanbildung?	eine Reißspanbildung?
a) ______________	a) ______________
b) ______________	b) ______________
c) ______________	c) ______________
d) ______________	d) ______________

3 Welcher Span ist bei spanabhebenden Arbeiten in der Regel erwünscht?

erwünscht:

____

H. Positiver und negativer Spanwinkel

positiver Spanwinkel

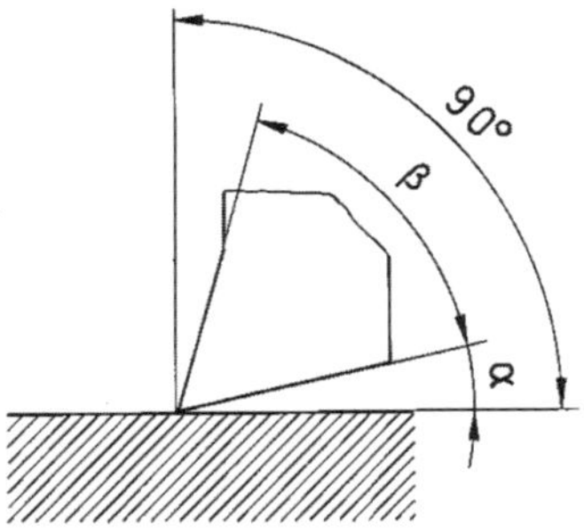

1 Welche Winkelverhältnisse liegen hier vor?

__________-winkel + __________-winkel

sind __________ als _____°.

negativer Spanwinkel

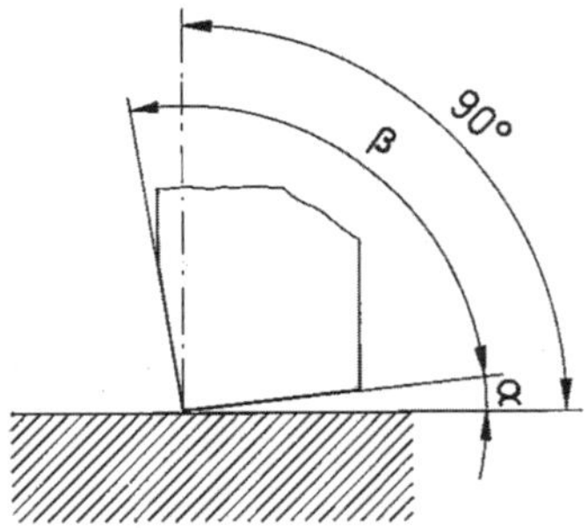

1 Welche Winkelverhältnisse liegen hier vor?

__________-winkel + __________-winkel sind

__________ als _____°.

2 In welchen Fällen ist ein negativer Spanwinkel vorteilhaft?

____

____

____

I. Standzeit

1 Was versteht man unter Standzeit?

Standzeit ist die __________ zwischen __________ und __________.

Die Standzeit einer Werkzeugschneide ist überschritten, wenn die geforderte __________ am Werkstück nicht mehr eingehalten werden kann.

2 Welche Umstände beeinflussen die Standzeit?

a) ______________________________

b) ______________________________

c) ______________________________

d) ______________________________

e) ______________________________

3 Welche Folgen hat eine abgenutzte Werkzeugschneide

für das Werkstück?

____

____

für die Werkzeugmaschine?

____

____

höhere __________

1 Fertigungsverfahren	1.4 Manuelle Verfahren des Spanens

Name:	Klasse:	Datum:

1.4.1 Meißeln

A. Meißelarten

Wie heißen die folgenden Meißel und zu welchen Arbeiten werden sie verwendet?

	Bezeichnung	Verwendung
	______________________	__________________________________
	______________________	__________________________________
	______________________	__________________________________
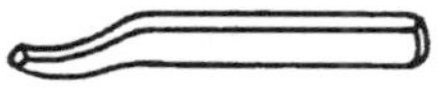	______________________	__________________________________

B. Keilwinkel

1 Welche Keilwinkel sollen Meißel haben, wenn die folgenden Werkstoffe bearbeitet werden?

Stahl	_____ – _____
Aluminium	_____ – _____

2 Welche allgemeine Regel für den Keilwinkel können Sie daraus ableiten?

Je ______________ der **Werkstoff,** umso ______________ der **Keilwinkel.**

C. Arbeitsregeln

a) Während des Meißelns muß der ______________ auf die ____________________ gerichtet sein.

b) Späne am Werkstück-____________ müssen von ______________ her abgenommen werden.

D. Unfallgefahren

Nennen Sie die Schutzmaßnahmen, die gegen die folgenden Unfallgefahren beim Meißeln zu treffen sind.

vom Werkstück abspringende Späne	vom Meißelbart abspringende Splitter
⇓	⇓
Schutzmaßnahme:	Schutzmaßnahme:

1.4.2 Feilen

A. Feilenarten

Welche Feilen unterscheidet man nach der Hiebart? Bei welchen Werkstoffen werden die einzelnen Hiebarten verwendet?

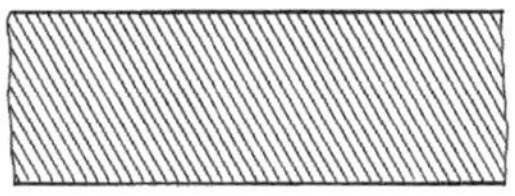

___ Feilen

Verwendung bei ___

___

___

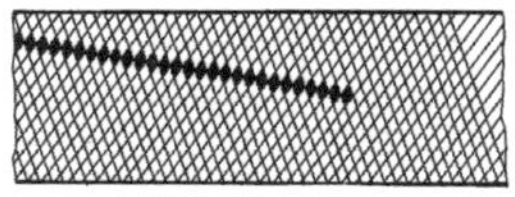

___ Feilen

Verwendung bei ___

___

___

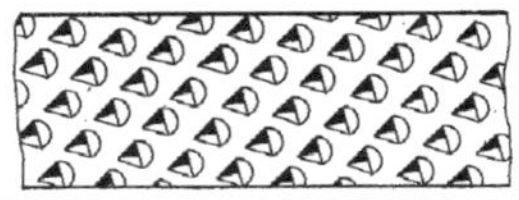

___ Feilen

Verwendung bei ___

___

___

B. Hiebteilung

1 Wovon hängt die Hiebteilung (grober oder feiner Hieb) einer Feile ab?

___ → **Hiebteilung** ← ___

2 Welche Gesetzmäßigkeiten gelten dabei?

a) Je ___ die **Hiebnummer,** umso ___ die **Hiebteilung.**

b) Bei gleicher Hiebnummer hat eine ___ Feile eine ___ Hiebteilung als eine kurze Feile.

3 Welche Regel gilt für den Einsatz von Feilen mit grober und feiner Hiebteilung?

Weiche Werkstoffe verlangen ___ Hiebteilung.

Harte Werkstoffe verlangen ___ Hiebteilung.

C. Herstellung von Feilen

Mit welchen Verfahren werden die Zähne der abgebildeten Feilen hergestellt?

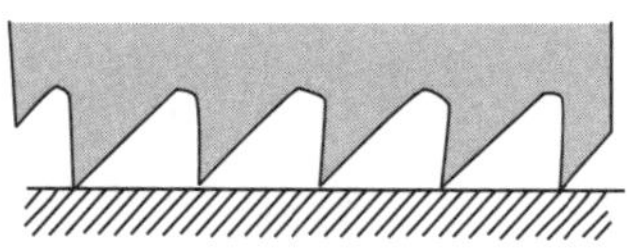

___

Diese Feilen haben einen ___ Spanwinkel; sie werden deshalb bei ___ Werkstoffen eingesetzt.

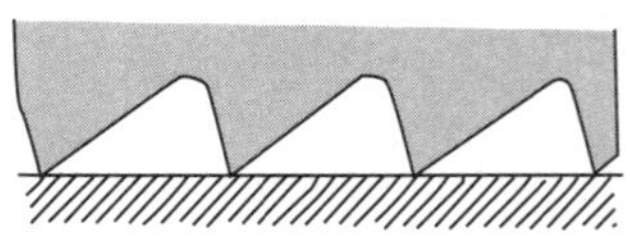

___

Diese Feilen haben einen ___ Spanwinkel; sie werden deshalb bei ___ Werkstoffen eingesetzt.

Name:	Klasse:	Datum:

1.4.3 Sägen

A. Zahnteilung

1 Wie bezeichnet man den Abstand von Zahnspitze zu Zahnspitze?

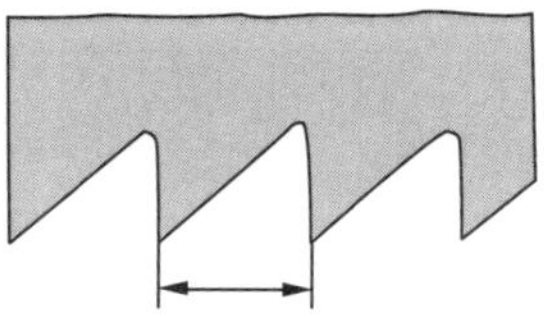

____

2 Wie wird die Zahnteilung bei Sägeblättern in der Regel angegeben?

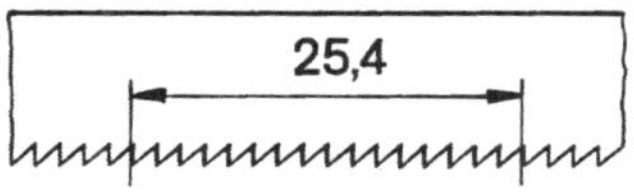

Man gibt die ______________________

auf ______ mm Sägeblattlänge an.

3 Welche drei Zahnteilungen unterscheidet man normalerweise bei Sägeblättern?

______________ (Anzahl der Zähne: ______ je 25,4 mm)

______________ (Anzahl der Zähne: ______ je 25,4 mm)

______________ (Anzahl der Zähne: ______ je 25,4 mm)

B. Wahl der Zahnteilung

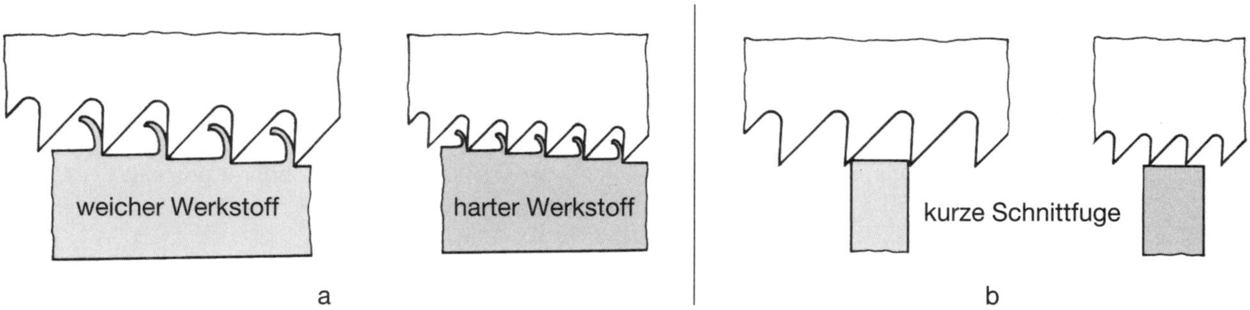

Welche Regeln gelten also für die Wahl der Zahnteilung?

a) Je ______________________ der Werkstoff, umso ______________________ die Zahnteilung.

b) Je ______________________ die Schnittfuge, umso ______________________ die Zahnteilung.

C. Freischneiden des Sägeblattes

Mit welchen Verfahren erreicht man, dass das Sägeblatt nicht klemmt?

1. ______________________________

2. ______________________________

3. ______________________________

4. ______________________________

1.4.4 Gewindeschneiden

A. Innengewindeschneiden

1 Für welche Gewindeschneidarbeiten werden die folgenden Gewindebohrer eingesetzt?

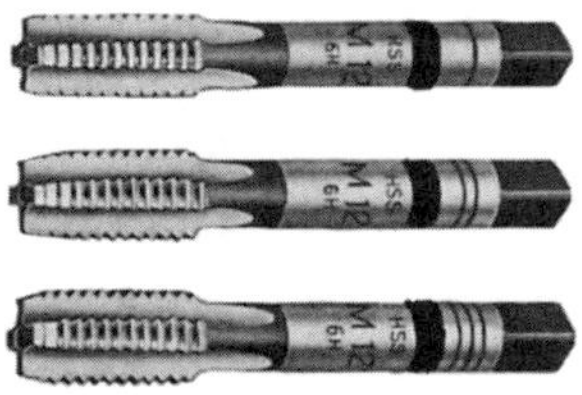

3-teiliger Handgewindebohrersatz

____

____

____

____

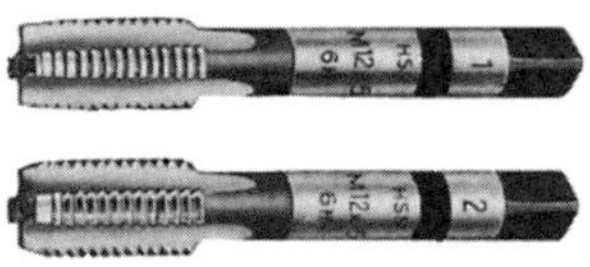

2-teiliger Handgewindebohrersatz

____

____

____

____

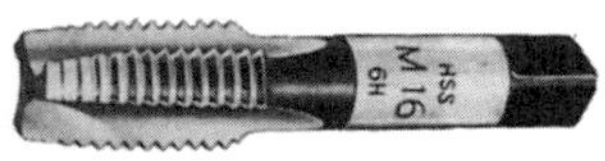

Einschnitt-Handgewindebohrer

____

____

____

____

Hochleistungsgewindebohrer

____

____

____

____

2 Wie bezeichnet man die drei einzelnen Gewindebohrer?

____

____

____

3 Welchen Sinn hat die Verwendung eines 3-teiligen Bohrersatzes?

____

____

____

____

____

2 Warum genügt hier ein 2-teiliger Bohrersatz?

____

____

____

____

____

____

____

2 Welche besonderen Anforderungen werden an diesen Gewindebohrer gestellt?

____

____

____

____

____

____

____

____

____

____

Name:	Klasse:	Datum:

B. Außengewindeschneiden

Wie nennt man die abgebildeten Werkzeuge zum Außengewindeschneiden?

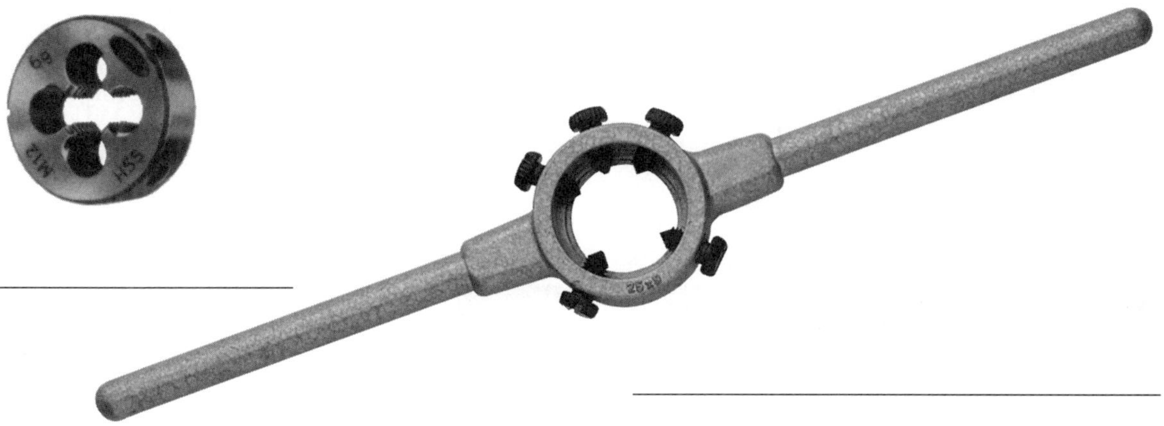

____

____

C. Aufschneiden

1 Was versteht man unter dem »Aufschneiden« des Werkstoffes?

Beim Gewindeschneiden werden die Werkstoffteilchen in Richtung der Gewindespitzen gedrückt. Dadurch wird

der **Bolzendurchmesser** etwas ____________________ ,

der **Kernlochdurchmesser** etwas ____________________.

2 Wie berücksichtigt man das Aufschneiden des Werkstoffs beim Schneiden von Innen- und Außengewinden?

Innengewinde (Muttergewinde)	Außengewinde (Bolzengewinde)
Die ____________________ für das Gewinde muss immer etwas ____________________ sein als der ______________________________ des Gewindes.	Der ____________________ für das Gewinde muss immer etwas ____________________ sein als der ______________________________ des Gewindes.

(vgl. Tabellenbuch)

D. Arbeitsregeln

a) Die Bohrung muss vor dem Gewindeschneiden ____________________________ werden, der Gewindebolzen muss ____________________ werden.

b) Die Gewindeschneidwerkzeuge müssen immer genau __________________ bzw. __________________ stehen.

c) Während des Schneidens muss mit ____________________ geschmiert werden (Ausnahme: GG!).

d) Man soll den Gewindebohrer von Zeit zu Zeit etwas ____________________.

Rund- und Plandrehen

Welche genauen Bezeichnungen tragen die dargestellten Drehverfahren?

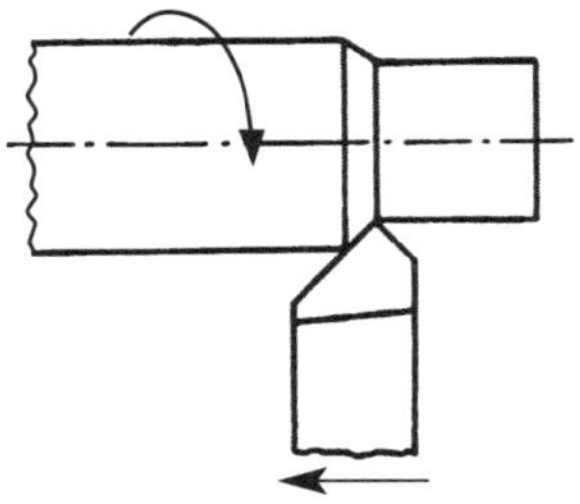

____

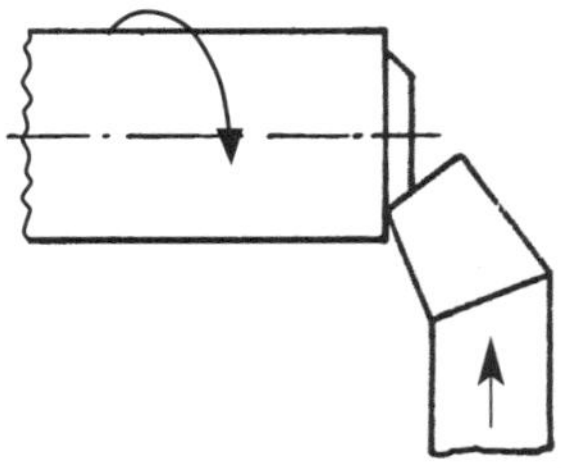

____

1.5.1 Flächen und Winkel an Drehmeißeln

A. Flächen an der Drehmeißelschneide

1 Zeichnen Sie farbig die Hauptschneide nach.

2 Wie bezeichnet man die bezifferten Flächen und Kanten an der Drehmeißelschneide?

1 ______________________________

2 ______________________________

3 ______________________________

4 ______________________________

5 ______________________________

6 ______________________________

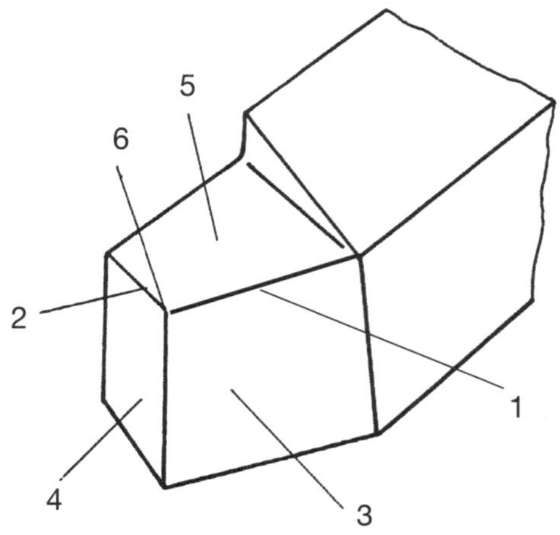

3 Warum ist die Schneidenecke gerundet?

a) ______________________________

b) ______________________________

B. Winkel an der Drehmeißelschneide

1 Wie bezeichnet man die eingetragenen Winkel?

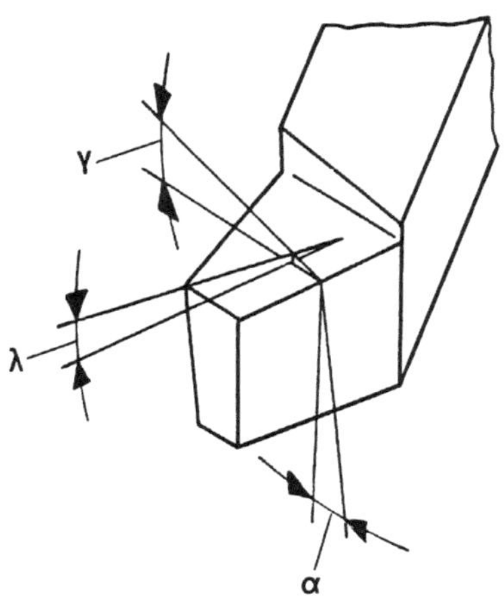

α ______________________________

β ______________________________

γ ______________________________

λ ______________________________

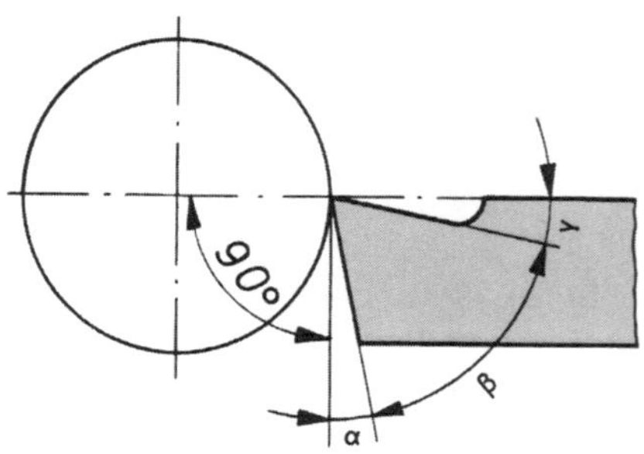

1 Fertigungsverfahren	1.5 Grundlagen des Spanens: Drehen	
Name:	Klasse:	Datum:

2 Wie verändern sich die Winkel an der Drehmeißelschneide, wenn der Drehmeißel über oder unter Mitte eingespannt wird?

Drehmeißel über Mitte

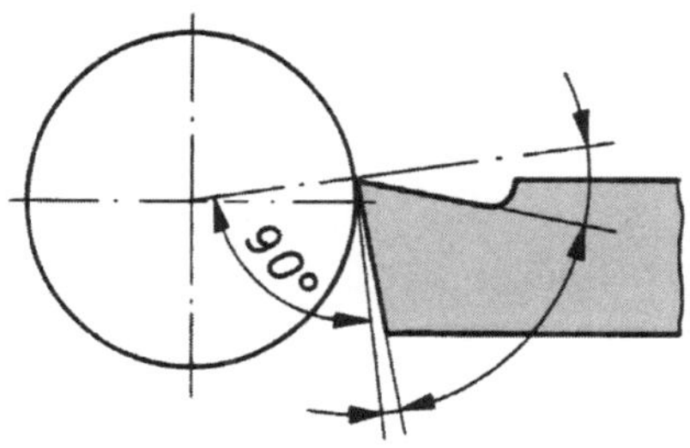

Der **Frei**winkel wird ____________________ .

Der **Span**winkel wird ____________________ .

Drehmeißel unter Mitte

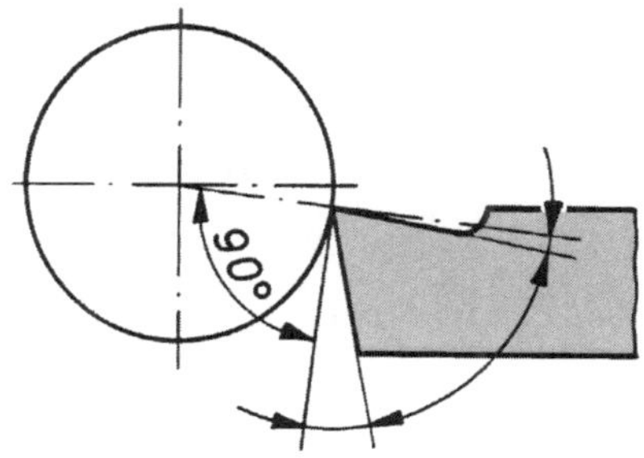

Der **Frei**winkel wird ____________________ .

Der **Span**winkel wird ____________________ .

3 Man unterscheidet positive und negative Neigungswinkel. Welche besonderen Vorteile sind damit jeweils verbunden?

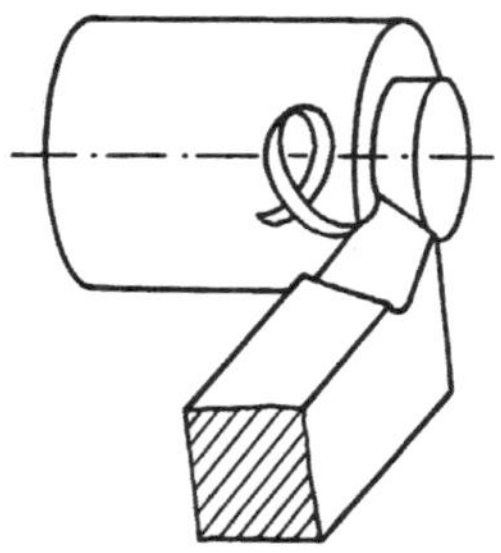

______________________________ Neigungswinkel

Vorteil: ______________________________

____

____

____

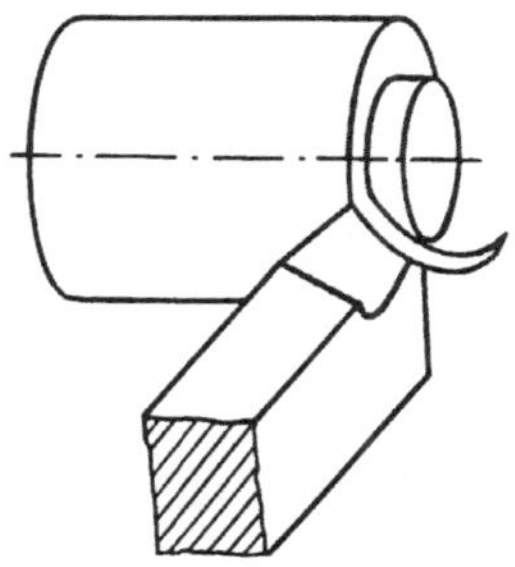

______________________________ Neigungswinkel

Vorteil: ______________________________

____

____

____

4 Wie heißen die Winkel κ (kappa) und ϵ (epsilon) an der Drehmeißelschneide?

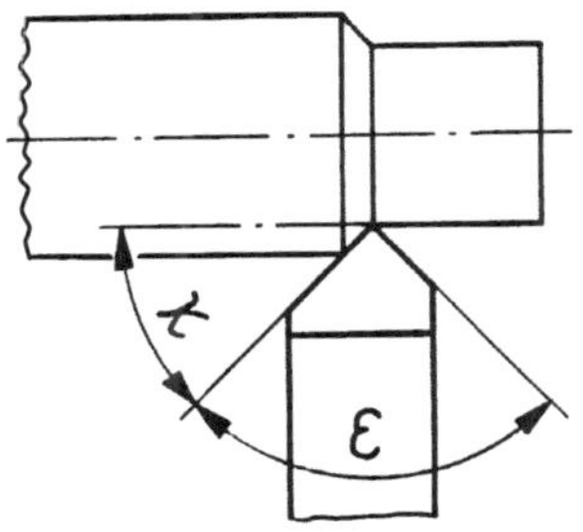

κ = ____________________ -winkel

ϵ = ____________________ -winkel

Der ________________________ -winkel κ ist der Winkel zwischen ______________________________ und

____ .

Der ________________ -winkel ϵ ist der Winkel zwischen ____________________ und ____________________ .

5 Warum darf der Eckenwinkel nicht zu klein sein?

____

____

6 Wie groß wird im Allgemeinen der Einstellwinkel gewählt?

Einstellwinkel

______ bis ______

Wie muss der Drehmeißel eingestellt werden, wenn Wellen mit kleineren Durchmessern längsrundgedreht werden?

Bei Wellen mit kleineren Durchmessern soll der Drehmeißel einen

______________-winkel ϰ von etwa ______° haben, damit der

Schnitt-______________ in Richtung der Werkstückachse wirkt.

Dadurch kann sich das Werkstück nicht ______________ .

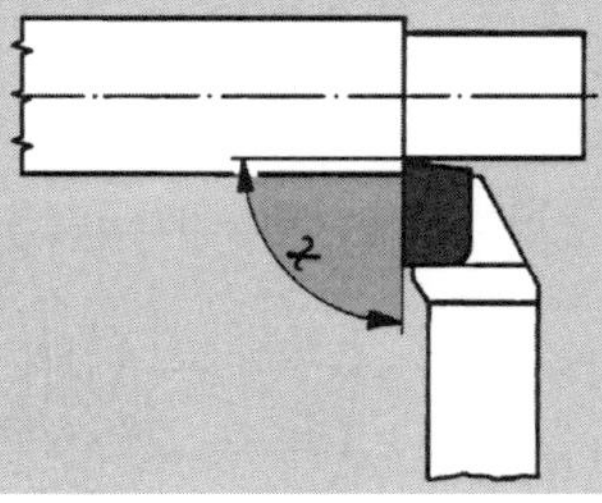

C. Spanungsquerschnitt

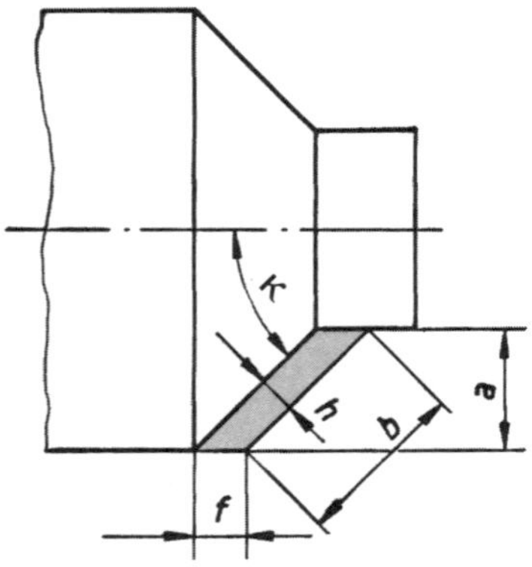

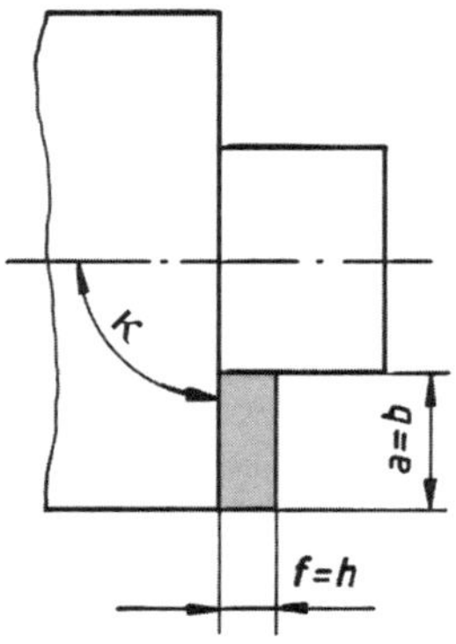

1 Form und Größe des Spanungsquerschnitts hängen ab von der **Schnitttiefe a** (= Zustellung), dem **Vorschub f** (= seitliche Bewegung des Drehmeißels pro Umdrehung) und dem **Einstellwinkel κ**.
Welche Maße am Spanungsquerschnitt werden von diesen Größen jeweils bestimmt?

a hängt ab von ______________

b hängt ab von ______________

f hängt ab von ______________

h hängt ab von ______________

2 Welche Auswirkung haben Größe und Form des Spanungsquerschnitts auf die Dreharbeit?

Spanungsquerschnitt → beeinflusst → ______________

Name:	Klasse:	Datum:

1.5.2 Drehmeißel

A. Arten der Drehmeißel

1 Die abgebildeten Drehmeißel werden nach ihrer **Arbeitsrichtung** (Schneidrichtung) bezeichnet.
a) Geben Sie mit Pfeilen die Arbeitsrichtung an.
b) Wie bezeichnet man die Drehmeißel?

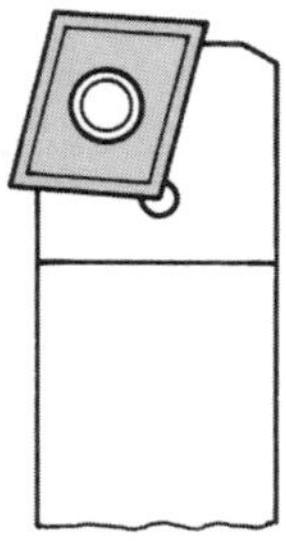

______________ Drehmeißel

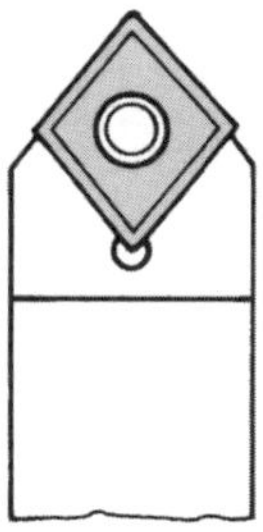

______________ Drehmeißel

______________ Drehmeißel

2 Ergänzen Sie die folgende Regel.

Rechte Drehmeißel arbeiten **von** ______________ nach ______________ .

Linke Drehmeißel arbeiten **von** ______________ nach ______________ .

Neutrale Drehmeißel arbeiten **von** ______________ **und** von ______________ .

B. Formen der Drehmeißel

1 Um nicht zeitaufwendig nachschleifen zu müssen, verwendet man heute bei Drehmeißeln meistens **Wendeschneidplatten**, die auf dem Halter (Meißelschaft) mit einer Klemmvorrichtung festgehalten werden.
Die folgenden Drehmeißel mit Wendeschneidplatten werden zum Außendrehen verwendet.
Notieren Sie

- im jeweiligen Meißelschaft die Arbeitsrichtung (Schneidrichtung): R ≙ rechter Drehmeißel, L ≙ linker Drehmeißel, N ≙ neutraler Drehmeißel.
- Dreharbeiten, die damit ausgeführt werden können: Längsdrehen, Plandrehen, Formdrehen, Nuten drehen, Gewinde drehen, Fasen drehen, Ecken drehen u. ä.

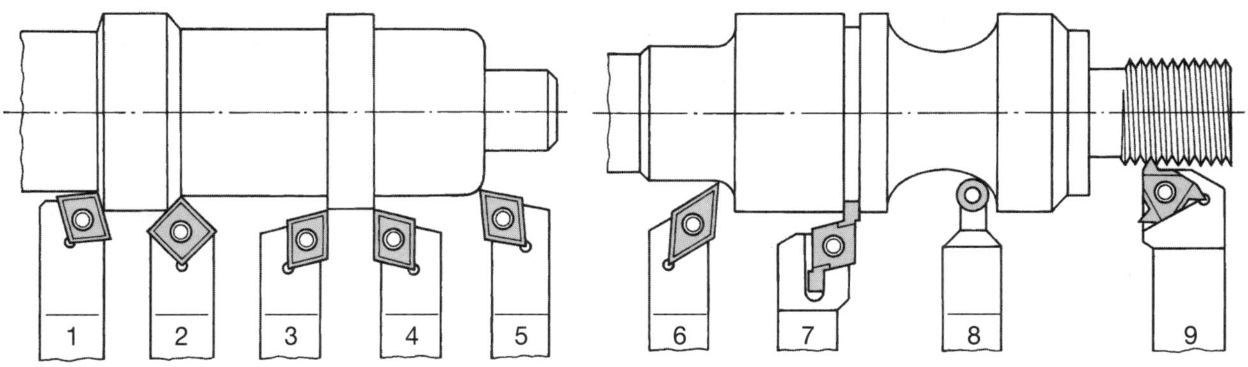

	Dreharbeiten
1	
2	
3	
4	
5	
6	
7	
8	
8	

2 Die folgenden Drehmeißel werden zum Ausbohren von Bohrungen (Innendrehen) verwendet.
Notieren Sie Dreharbeiten, die damit ausgeführt werden können.

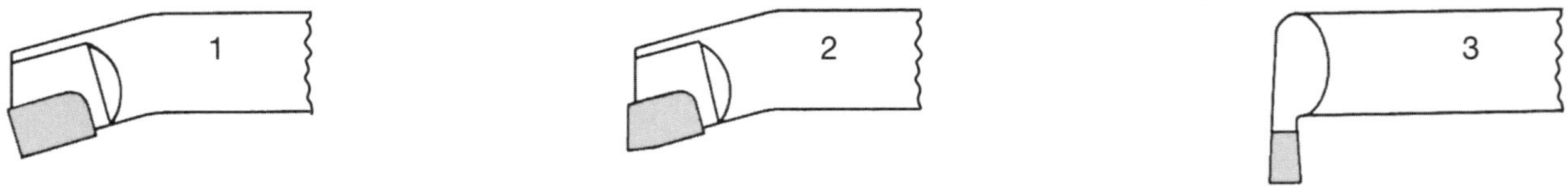

	Dreharbeiten
1	
2	
3	

Name:	Klasse:	Datum:

C. Schneidstoffe von Drehmeißeln

Welche Werkstoffe werden als Schneidstoffe beim Drehen verwendet?

Werkstoff	Zusammensetzung	Schnittgeschw. bei Stählen bis	warmhart bis
______	______	______ m/min	______ °C
______	______	______ m/min	______ °C
______	______	______ m/min	______ °C
______	______	______ m/min	______ °C

1.5.3 Spannmittel für Werkzeuge und Werkstücke

A. Spannvorrichtung für Drehmeißel

1 Wie bezeichnet man den abgebildeten Werkzeughalter?

______

Welchen Vorteil hat diese Spannvorrichtung?

______

______

______

______

Spannvorrichtung

auswechselbare Halter mit Drehmeißel

2 Welche Regeln gelten beim Einspannen des Drehmeißels?

a) Der Drehmeißel soll möglichst ______ und ______ eingespannt werden.

b) Der Drehmeißel wird gewöhnlich auf ______ des Werkstücks eingestellt.

Ausnahme: Bei **Schrupp**arbeiten kann der Drehmeißel auch etwas ______ Mitte (ca. 2 % des Werkstückdurchmessers) eingestellt werden.

Spannvorrichtung mit montiertem Werkzeughalter

B. Spannfutter

Welche Werkstücke können in Dreibackenfutter, welche in Vierbackenfutter eingespannt werden?

______________________ Werkstücke

______________________ Werkstücke

______________________ Werkstücke

______________________ Werkstücke

______________________ Werkstücke

______________________ Werkstücke

______________________ Werkstücke

______________________ Werkstücke

C. Planscheibe

1 In welchen Fällen verwendet man Planscheiben?

Planscheiben werden verwendet, wenn ______________________

____

2 Wodurch kann man einen unruhigen Lauf aufgrund ungleichmäßiger Gewichtsverteilung verhindern?

____

D. Spannzangen

Welche speziellen Vorteile haben Spannzangen?

____

____

____

Name:	Klasse:	Datum:

E. Spannen zwischen Spitzen

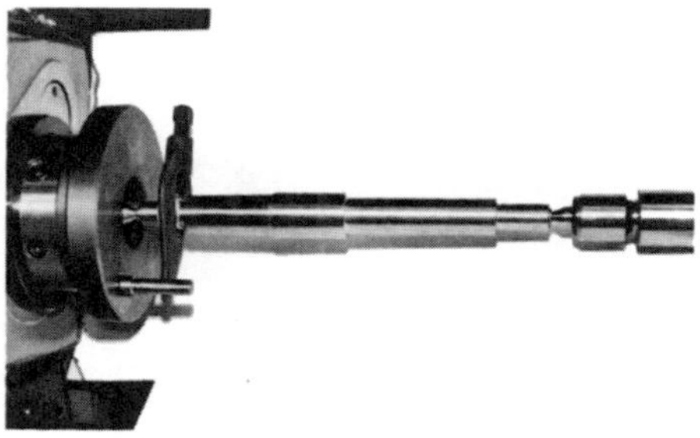

(Mitnehmerscheibe und Drehherz sind ohne Schutzvorrichtung abgebildet!)

1 Welche Spannwerkzeuge werden zum Spannen zwischen Spitzen verwendet?

Spannwerkzeuge für Antriebsseite	Spannwerkzeuge für Reitstock
 ______	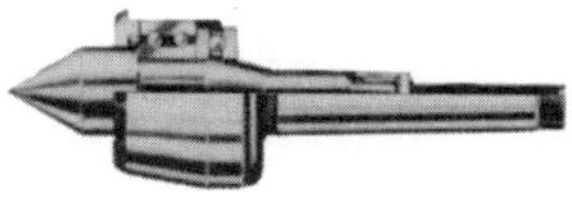 ______
 ______	 ______
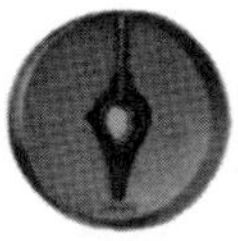 ______	
 ______	

2 Kennzeichnen Sie mit x die Spannwerkzeuge, mit denen die oben abgebildete Welle zwischen Spitzen gespannt ist.

3 Welchen Vorteil hat eine mitlaufende Zentrierspitze im Reitstock gegenüber einer festen Zentrierspitze?

______

______

4 Wie erfolgt die Mitnahme des Werkstücks beim Stirnseitenmitnehmer?

______

______

______

5 Welche Vorteile hat der Stirnseitenmitnehmer?

Vorteile Stirnseitenmitnehmer
- ______
- ______
- ______

1.6.1 Bohren

A. Spiralbohrer

1 Zeichnen Sie farbig die Hauptschneiden nach.

2 Wie bezeichnet man die bezifferten Flächen und Kanten?

1 ______________________________

2 ______________________________

3 ______________________________

4 ______________________________

5 ______________________________

6 ______________________________

7 ______________________________

3 Welche Vorteile hat der Spiralbohrer?

Vorteile
- ______________________________
- ______________________________
- ______________________________
- ______________________________
- ______________________________

B. Drall und Bohrerverwendung

1 Welcher Zusammenhang besteht zwischen dem Seitenspanwinkel (Drallwinkel), dem Spanwinkel und der Verwendung des Bohrers bei bestimmten Werkstoffen?

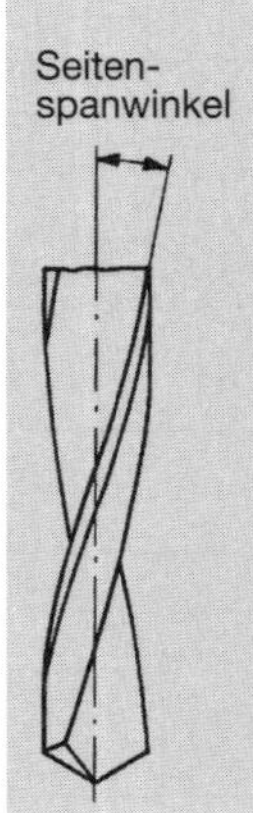

kleiner Seitenspanwinkel ergibt

______________________ Spanwinkel

↓

Verwendung bei

______________________ Werkstoffen

großer Seitenspanwinkel ergibt

______________________ Spanwinkel

↓

Verwendung bei

______________________ Werkstoffen

Name:	Klasse:	Datum:

2 Für welche Werkstoffe sind die folgenden Bohrertypen bestimmt?

Typ H

Seitenspanwinkel ______ – ______

für ________________ Werkstoffe,

z. B. ________________

____

Typ N

Seitenspanwinkel ______ – ______

für ________________ Werkstoffe,

z. B. ________________

____

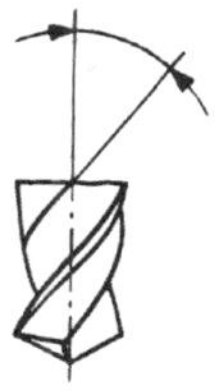

Typ W

Seitenspanwinkel ______ – ______

für ________________ Werkstoffe,

z. B. ________________

____

C. Spitzenwinkel

1 Wie groß sind die Spitzenwinkel von Bohrern für die folgenden Werkstoffe?

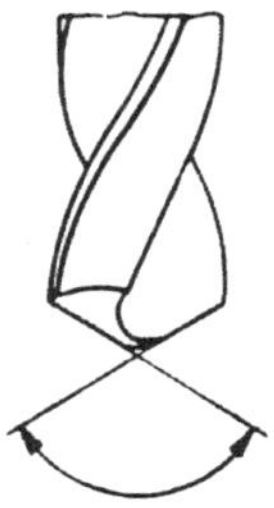

Stahl	______
Aluminium	______
Messing (Cu-Zn-Legierung)	______

2 Welchen Einfluss auf die Bohrarbeit hat der Spitzenwinkel?

Spitzen-
winkel
____
____
____

3 Mit welchem der folgenden Bohrer wird Stahl, mit welchem Aluminium und mit welchem Messing gebohrt? (Beachten Sie Seitenspanwinkel und Spitzenwinkel!)

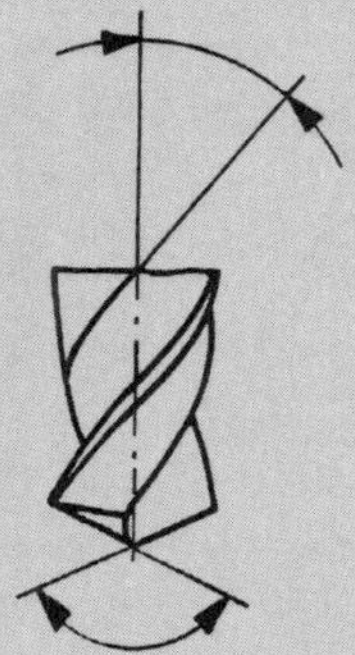

Bohrer für

____

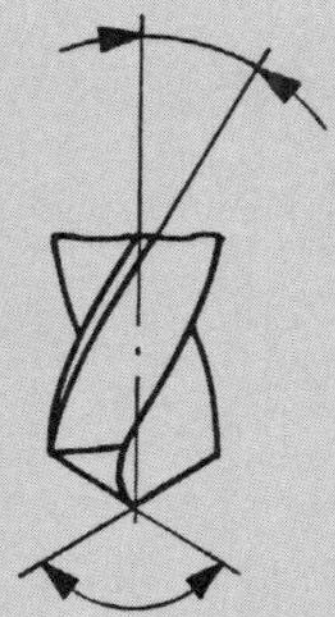

Bohrer für

____

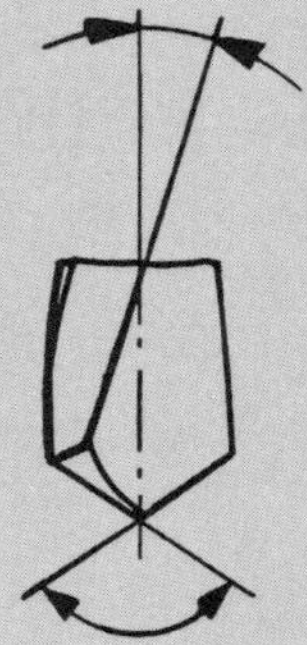

Bohrer für

____

D. Querschneide

1 Zeichnen Sie farbig die Querschneide und die Hauptschneiden ein.

Spiralbohrer (Draufsicht)

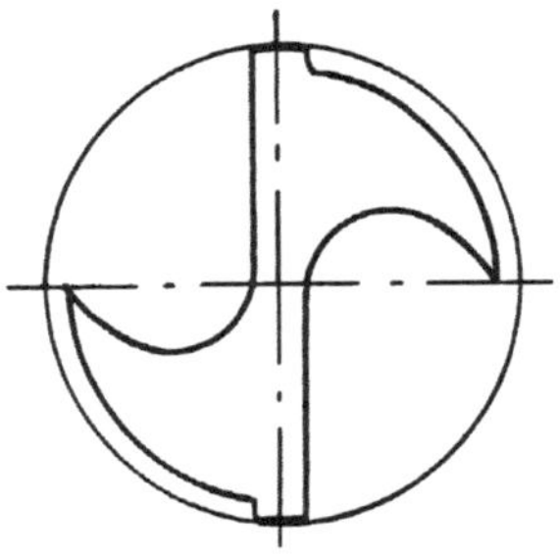

2 In welchem Winkel zu den Hauptschneiden soll die Querschneide bei einem **Bohrer für Stahl** stehen?

______

3 Welche Kontrollmöglichkeit bietet der Querschneidenwinkel beim Nachschleifen von Bohrern?

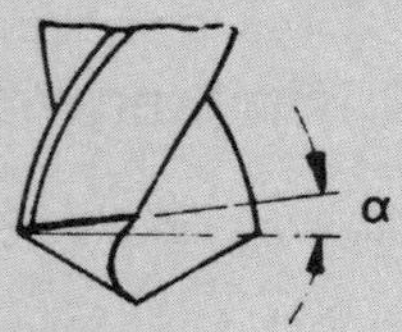

Der Bohrer kann in das Werkstück nur eindringen, weil die Bohrerschneiden einen ______ haben. Diesen Freiwinkel erhält man, indem man die Bohrerschneiden ______. Die Schneiden eines **Bohrers für Stahl** sind im ______ Winkel hinterschliffen, wenn die ______ zu den Hauptschneiden in einem Winkel von ______° steht. Dieser Winkel kann an einer ______ ______ geprüft werden.

4 Was versteht man unter dem Ausspitzen des Bohrers und welchem Zweck dient es?

Beim Ausspitzen wird die ______ durch Ausschleifen ______.

Dadurch wird der ______-aufwand beim Vorschub ______.

E. Schleiffehler

Welche Auswirkung bei der Bohrarbeit haben die folgenden Fehler, die beim Nachschleifen gemacht worden sind?

ungleich lange Schneiden

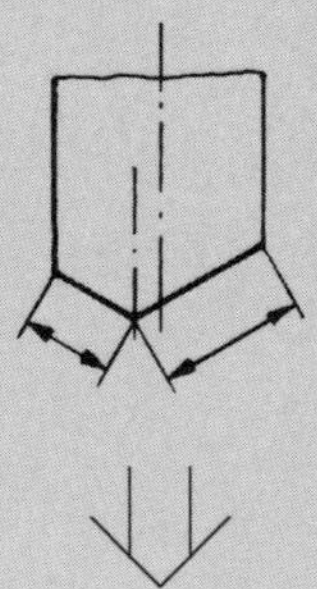

______

______

ungleiche Schneidenwinkel

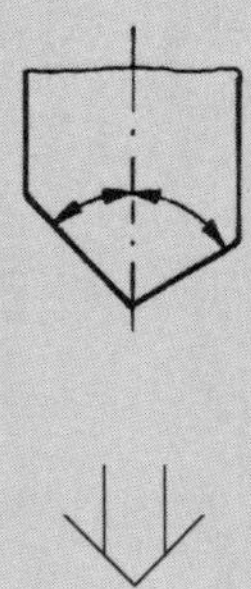

______

______

Name:	Klasse:	Datum:

F. Weitere Bohrwerkzeuge

Wie heißen die folgenden Bohrwerkzeuge und für welche besonderen Zwecke werden sie verwendet?

Bohrwerkzeug	Bezeichnung	Verwendung

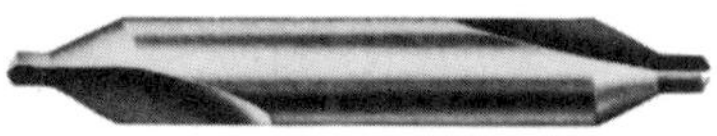		

1.6.2 Reiben

A. Zweck

Welchen Zweck hat das Reiben?

Die Bohrung erhält
1. ______
2. ______

B. Werkstoffzugabe

Wie groß darf die Werkstoffzugabe beim Reiben höchstens sein?

Werkstoffzugabe

______ – ______ mm

Die Größe der Werkstoff- ______ hängt ab vom ______ .

Beispiel: Eine Bohrung, die auf 20 mm aufgerieben werden soll, muss auf ______ mm vorgebohrt werden.

C. Reibahlen

1 An welchen Merkmalen kann man Handreibahlen und Maschinenreibahlen unterscheiden?

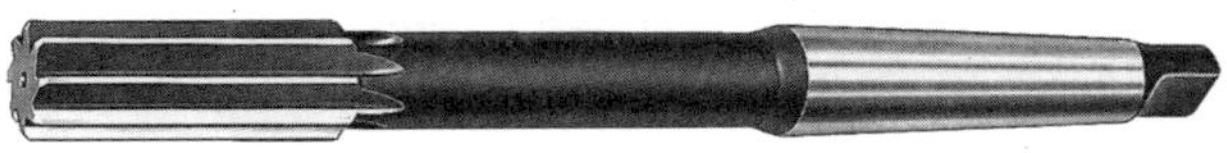

Maschinenreibahlen

a) ______________________

b) ______________________

c) ______________________

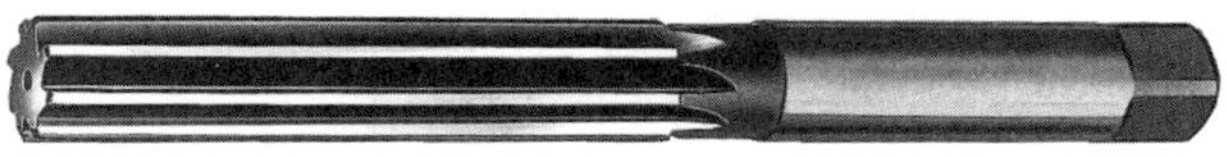

Handreibahlen

a) ______________________

b) ______________________

c) ______________________

2 Welche besonderen Vorzüge haben verstellbare Reibahlen?

Da diese Reibahlen verstellbar sind, können sie

a) bei ______________ Durchmessern ______________ werden,

b) öfters ______________ werden.

D. Zahnteilung von Reibahlen

Warum haben Reibahlen ungleiche Zahnteilung?

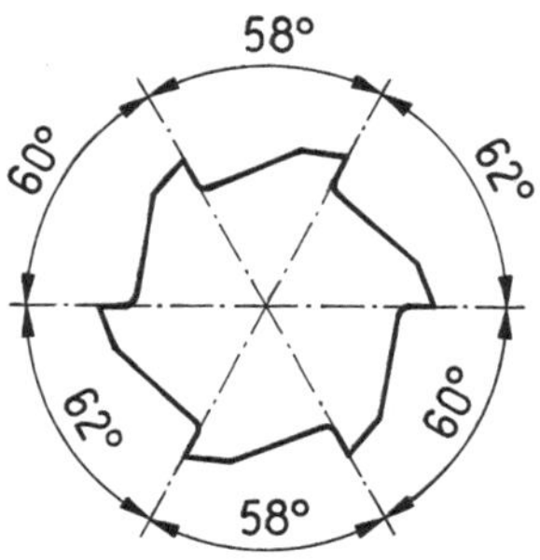

Durch ungleiche Zahnteilung lässt sich das ______________ der Reibahle ______________ .

Dadurch wird das Bohrloch ______________ .

E. Arbeitsregeln

a) Die Reibahle darf immer nur ______________ gedreht werden, auch beim ______________ aus dem Bohrloch.

b) Die ______________ beim Maschinenreiben soll ______________ sein.

c) Beim Ausreiben von Bohrungen mit ______________ verwendet man Reibahlen mit ______________ .

Name:	Klasse:	Datum:

1.6.3 Senken

A. Aufsenken (Aufbohren)

1 Was versteht man unter Aufsenken? Welchen Zweck hat es?

Beim Aufsenken werden vorgebohrte Löcher oder Löcher in Gussstücken ______________ . Man erhält dabei eine ______________ Bohr-______________ . Häufig werden Löcher auch aufgesenkt, damit sie anschließend ______________ werden können.

2 Wie heißen die abgebildeten Werkzeuge zum Aufsenken?

____

____

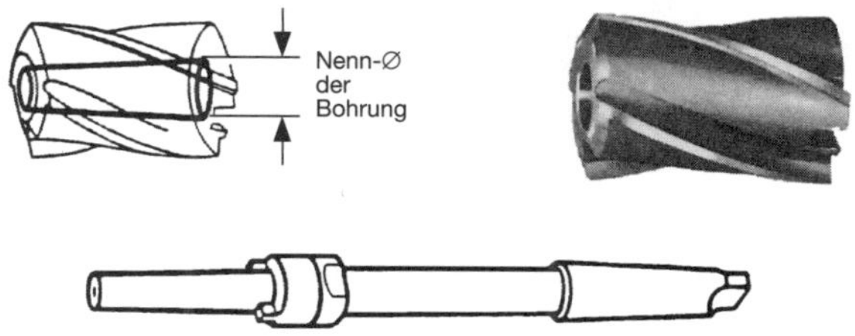

____

3 Warum haben Aufsenkwerkzeuge mehrere Fasen?

____

____

____

B. Profilsenken (Ansenken, Einsenken)

1 Wie heißen die abgebildeten Senkwerkzeuge?

____

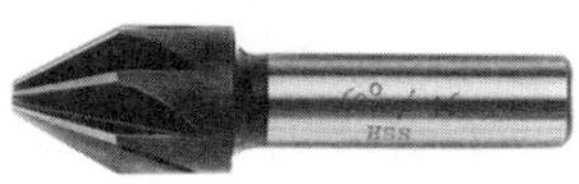

____

2 Wozu werden Kegelsenker mit den folgenden Spitzenwinkeln verwendet?

Spitzenwinkel
- 60° ______________________________
- 75° ______________________________
- 90° ______________________________
- 120° ______________________________

C. Plansenken (Flachsenken)

1 Wie heißen die abgebildeten Senkwerkzeuge?

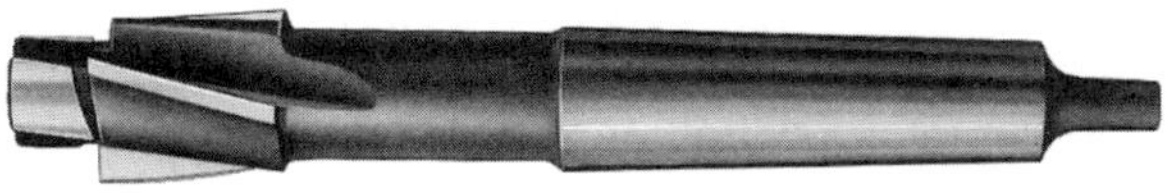

____

____

2 Wozu werden Flachsenker verwendet?

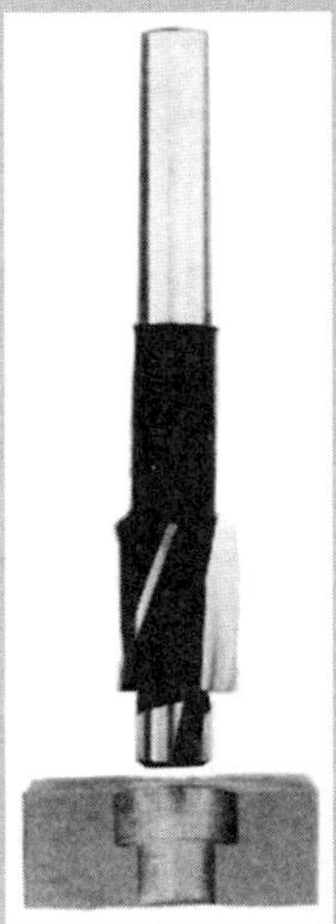

a) Flachsenker dienen zum Einsenken von

____

Schraubenköpfen (Zylinderschrauben).

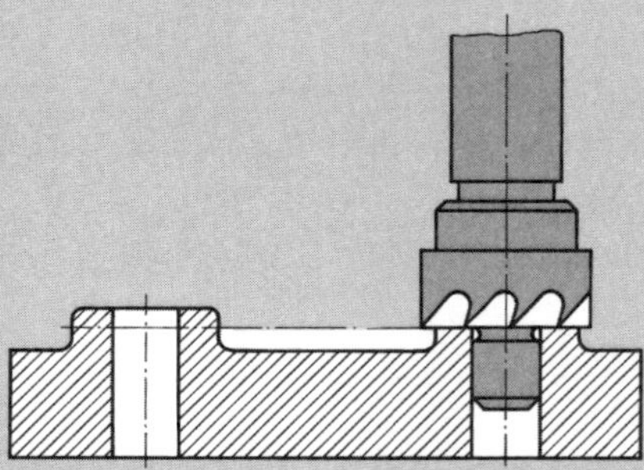

b) Mit Flachsenkern lassen sich ebene

____

für Muttern und Schraubenköpfe herstellen.

3 Welche Aufgabe hat der Zapfen an Flach- oder Plansenkern?

Der Zapfen dient der ____________________ im Bohrloch. Er ist ______________________________ .

D. Schnittgeschwindigkeit

Mit welcher Schnittgeschwindigkeit bzw. Drehzahl (groß – klein) arbeitet man beim Senken?

________________ Schnittgeschwindigkeit

Name:	Klasse:	Datum:

A. Form

1 Welche Formen werden beim Gießen am häufigsten verwendet?

Formen

______________________	______________________

Diese Form ist eine sog. ______________ Form, da sie nur einmal verwendet werden kann.

Diese Form ist eine sog. ______________ Form, da sie immer wieder verwendet werden kann.

2 Wodurch unterscheiden sich Gussstücke, die in Metallformen vergossen werden (≙Kokillenguss), von solchen, die in Sandformen vergossen werden (≙ Sandguss)?

a) **Kokillenguss** hat eine ______________ Oberfläche, **Sandguss** hat eine ______________ Oberfläche.

b) **Kokillenguss** hat eine größere ______________________ als Sandguss.

3 Auf welche Weise erreicht man, dass im Gussstück ein Hohlraum entsteht?

Man legt in die Form einen sog. ______________ ein. Dieser wird nach dem ______________________ aus dem Gussstück ______________________________ oder im Falle von Sandkernen ______________________ .

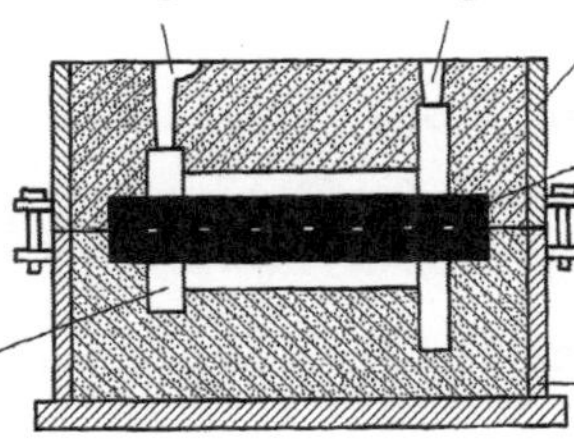

B. Modell

1 Wann werden beim Gießen Modelle verwendet?

____

2 Aus welchen Werkstoffen werden Modelle hergestellt?

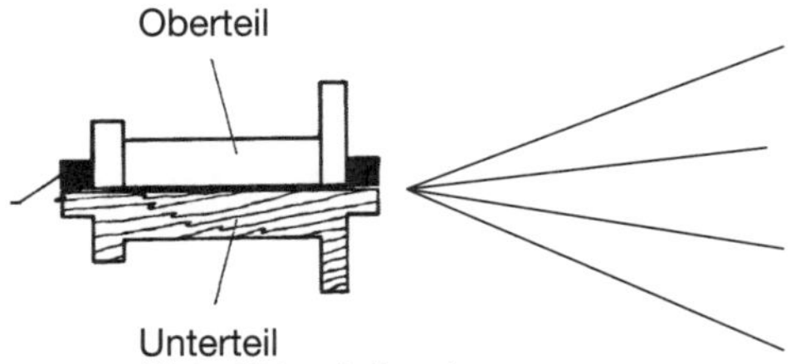

____

____

____

____

3 Warum muss das Modell eines Gussstückes immer etwas größer sein als das fertige Gussstück?

Beim ____________ des gegossenen Stückes ____________ das Material, d.h. es zieht sich zusammen. Das Modell muss deshalb um das ____________ größer sein als das fertige Werkstück. Um ständiges ____________ zu vermeiden, arbeitet man im Modellbau mit sogenannten ____________ ; diese haben eine um das Schwindmaß ____________ mm-Teilung als der normale mm-Stab.

4 Welches Schwindmaß haben die folgenden Werkstoffe?

Grauguss	______ %
Stahlguss	______ %
Aluminium	______ %

C. Spezielle Gießverfahren: Feingießen

Wie geht das Feingießen vor sich?

Beim Feingießen wird ein ____________ aus einem leicht schmelzenden ____________ oder ____________ hergestellt. Auf dieses Modell wird ein keramischer ____________ aufgebracht, der getrocknet und ____________ wird. Dabei ____________ das ____________ aus (verlorenes Modell). Die übrig bleibende ____________ kann dann mit Gusswerkstoff ____________ werden. Das Feingießen wird auch als ____________-verfahren bezeichnet.

D. Spezielle Gießverfahren: Druckgießen

1 Wie geht das Druckgießen vor sich?

Beim Druckgießen wird der ____________ Werkstoff unter ____________ (bis zu 300 bar) in die ____________ gepreßt. Die Form besteht aus ____________ .

2 Welche Werkstoffe werden beim Druckgießen verarbeitet?

____

3 Welche Vorteile hat das Druckgießen?

a) ____

b) ____

c) ____

d) ____

____

1 Fertigungsverfahren	1.8 Umformen: Verfahren und Werkstoffverhalten	
Name:	Klasse:	Datum:

A. Überblick

1 Welche Verfahren des Umformens unterscheidet man nach der Temperatur beim Umformen?

Verfahren		
Vorteile		
Nachteile		

2 Welche Verfahren des Umformens unterscheidet man nach den äußeren Kräften, die auf den Werkstoff einwirken?

Verfahren	**Beispiele**
a)	
b)	
c)	

B. Werkstoffeigenschaft

Welche Eigenschaften werden von Werkstoffen verlangt, die umgeformt werden sollen?

a) ______

b) ______

1.8.1 Druckumformen: Schmieden

A. Schmiedbare Metalle

Nennen Sie die wichtigsten schmiedbaren Metalle.

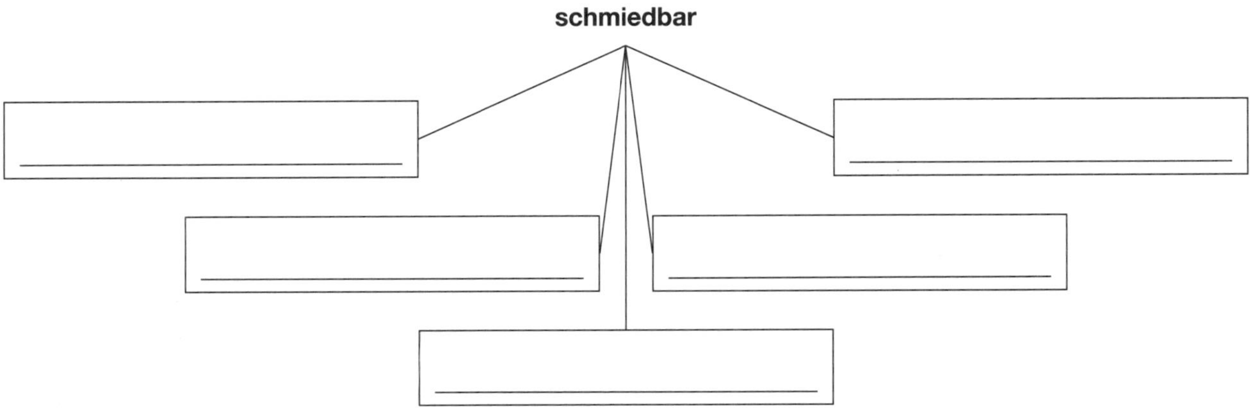

B. Schmiedbarkeit von Stahl

1 Welchen Einfluss auf die Schmiedbarkeit von Stahl hat die Temperatur des Stahls?

Mit ____________________ Temperatur wird die Schmiedbarkeit (Umformbarkeit) ______________ .

2 Welche Auswirkungen haben Kohlenstoff, Schwefel und Phosphor auf die Schmiedbarkeit von Stahl?

Kohlenstoff (C): Je __________ der __________ , umso __________ die ______________ .

Schwefel (S): Der Stahl neigt zu ____________________ .

Phosphor (P): Der Stahl neigt zu ____________________ .

C. Vorteile des Schmiedens

1 Welche der abgebildeten Kurbelwellen wurde spanabhebend hergestellt, welche wurde geschmiedet?
(Die dünnen Linien stellen den Faserverlauf dar.)

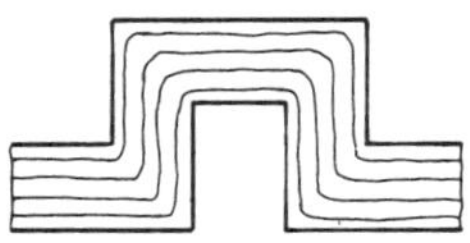

____

____

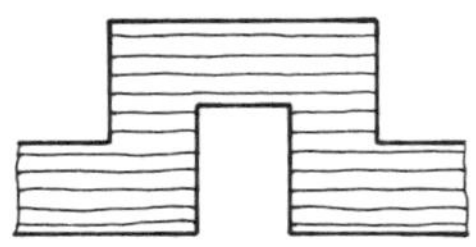

____

____

2 Welche Vorteile haben geschmiedete Werkstücke gegenüber spanabhebend bearbeiteten Werkstücken?

Geschmiedete Werkstücke haben eine höhere ______________ als spanabhebend bearbeitete Werkstücke, da sie ein ______________ Gefüge und einen ______________ Faserverlauf haben.

3 Nennen Sie einige Beispiele für geschmiedete Werkstücke (hand- oder maschinengeschmiedet).

____

D. Gesenkschmieden (Gesenkformen)

1 Was versteht man unter Gesenkschmieden?

Gesenke sind zweiteilige Stahlkörper, in welche die ______________ des zu schmiedenden Werkstücks ______________ ist. Der ______________ Rohling wird in diese Hohlform ______________ .

2 Nennen Sie Werkstücke, die durch Gesenkschmieden hergestellt werden.

____

____

Name:	Klasse:	Datum:

1.8.2 Zugdruckumformen: Tiefziehen

A. Tiefziehvorgang

1 Benennen Sie die bezifferten Teile mit den Fachausdrücken.

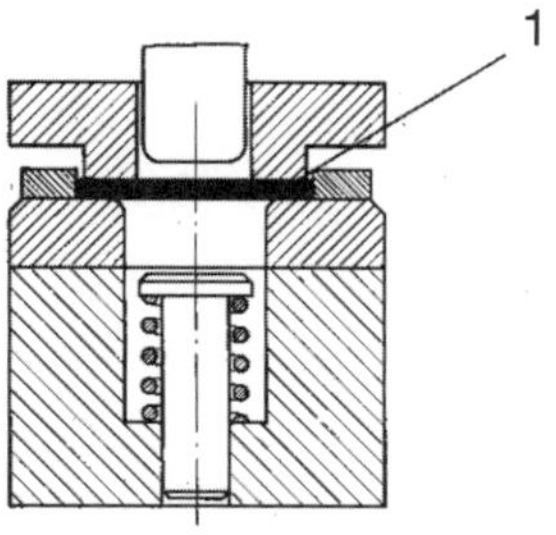

vor dem Tiefziehen

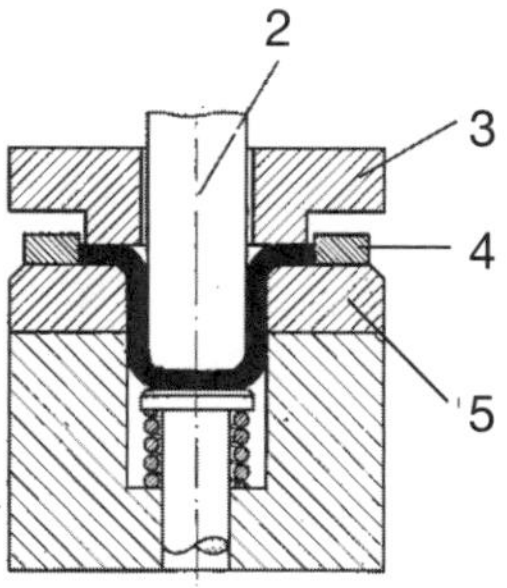

nach dem Tiefziehen

1 ______

2 ______

3 ______

4 ______

5 ______

2 Welche Maschinen werden gewöhnlich zum Tiefziehen verwendet?

______

B. Werkstoffeigenschaft

1 Welche Eigenschaft müssen Bleche haben, die tiefgezogen werden?

Tiefziehbleche – ______

2 Wie wird die Tiefziehfähigkeit eines Werkstoffes technologisch gemessen?

______
(Bezeichnung des Versuchs)

Messprinzip: Je ______ das Blech gezogen werden kann, **ohne zu** ______, umso größer ist seine ______.

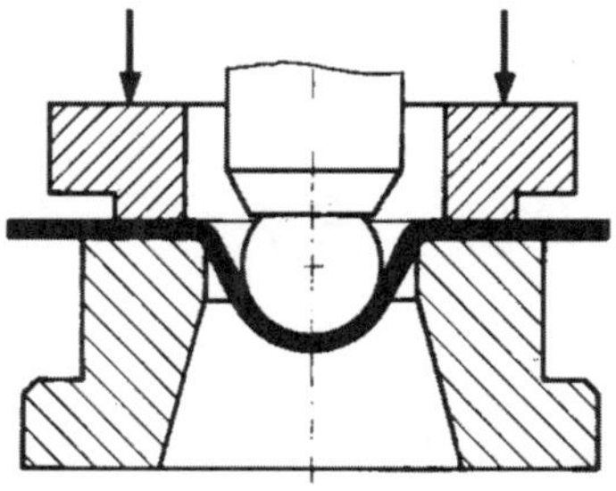

C. Anwendung

Nennen Sie einige Beispiele für Werkstücke, die im Tiefziehverfahren hergestellt werden.

______

______

1.8.3 Biegeumformen: Gesenkbiegen

A. Gesenkbiegevorgang

1 Benennen Sie die bezifferten Teile mit den Fachausdrücken.

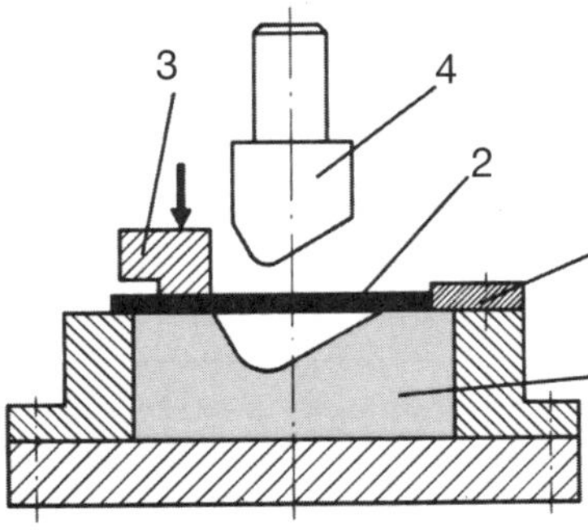

1 ______________________________

2 ______________________________

3 ______________________________

4 ______________________________

5 ______________________________

B. Anwendung

Nennen Sie weitere Beispiele für Werkstücke, die durch Biegeumformen bearbeitet wurden.

____

____

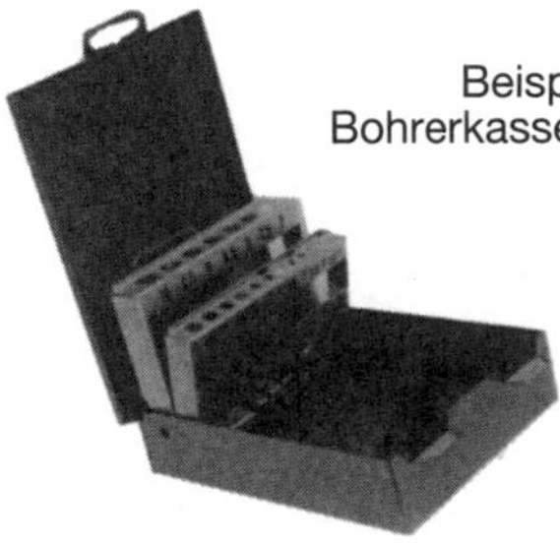

Beispiel: Bohrerkassette

C. Biegen von Blechen

1 Welche Regeln muss man beim Biegen von Blechen beachten?

a) Das Blech soll __________ zur ____________________ gebogen werden.

b) Das Blech muss ____________________ werden, da es etwas zurückfedert.

2 Wie kann man die Walzrichtung eines Bleches erkennen?

a) ______________________________

b) ______________________________

c) ______________________________

D. Vorgänge am Werkstoff

1 In welchem Bereich wird beim Biegen
a) der Werkstoff gestreckt?
b) der Werkstoff gestaucht?
c) der Werkstoff weder gestreckt noch gestaucht (≙ neutrale Faser)?

____

____

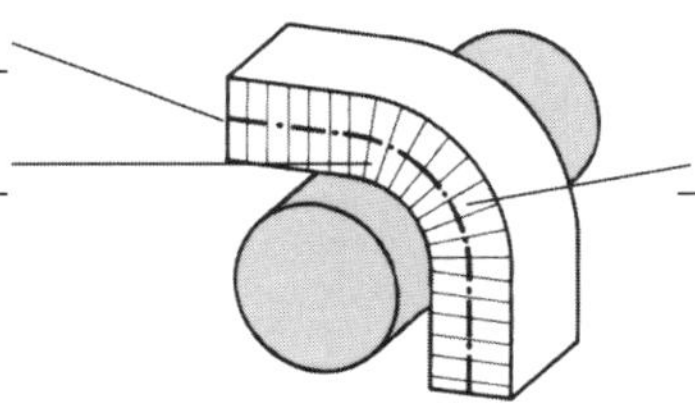

____

Name:	Klasse:	Datum:

2 Durch Strecken und Stauchen des Werkstoffs verändert sich beim Biegeumformen an der Biegestelle der Querschnitt des Werkstücks. Skizzieren Sie neben den beiden folgenden Profilen den Querschnitt, der sich an der Biegestelle ergibt. (Die Werkstücke sollen nach unten gebogen werden.)

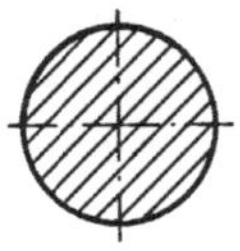

3 Als „gestreckte Länge" bezeichnet man die Länge des Werkstücks, wenn es noch nicht gebogen ist (Halbzeug). Welcher Bereich entspricht der gestreckten Länge?

gestreckte Länge ≙ ______________________

4 Nebenstehende Skizze zeigt den Zusammenhang zwischen dem Biegeradius r_i und der neutralen Faser r_n. Welche Gesetzmäßigkeit lässt sich daraus ableiten?

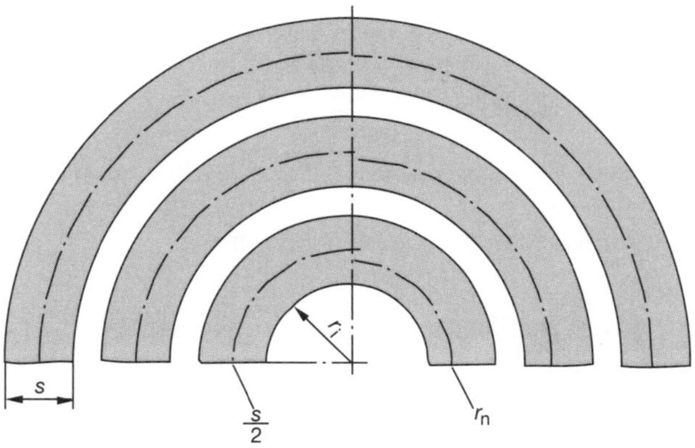

Je kleiner der Biegeradius, umso ______________________

____

5 Zur Berechnung der gestreckten Länge der drei halbkreisförmig gebogenen Teile muss der Radius r_n der neutralen Faser bekannt sein. Die Formel zur Berechnung dafür lautet:

$$r_n = r_i + \frac{s}{2} \cdot \boldsymbol{k}$$

– Wo läge die neutrale Faser, wenn die Formel nur lautete: $r_n = r_i + \frac{s}{2}$?

____

– Welche Funktion hat der Faktor k in dieser Formel (vgl. 4.)?

Der Faktor k berücksichtigt die __________ der __________ Faser, die vom Biegeradius abhängig ist. k wird deshalb auch ______________ genannt; er kann Tabellen entnommen werden.

E. Rückfederung

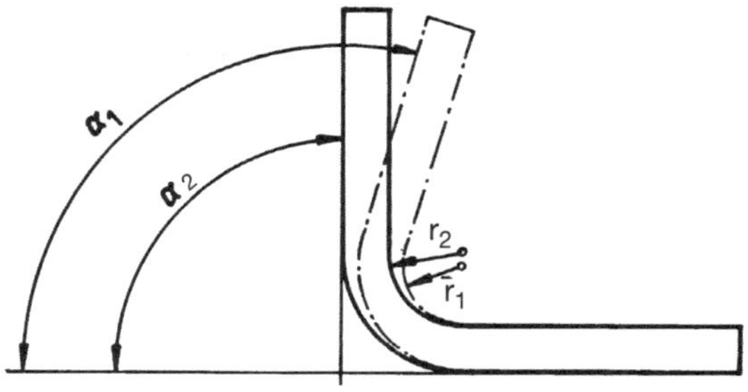

α_1 ≙ Winkel beim Biegen
α_2 ≙ Winkel am Werkstück (nach Rückfederung)
$\alpha_1 - \alpha_2$ ≙ Rückfederungswinkel

1 Mit welcher Eigenschaft des Werkstoffs hängt das Rückfedern des Werkstücks beim Biegen zusammen?

Rückfedern: ______________________________

Welche praktische Konsequenz ergibt sich daraus beim Biegen?

____

2 Wovon wird die Größe des Rückfederungswinkels beeinflusst?

je ____________________ der **Werkstoff**

je ____________________ der **Biegeradius** — umso ____________________ der **Rückfederungswinkel**

je ____________________ die **Blechdicke**

3 Für die Berechnung des Winkels beim Biegen (α_1) gilt die Formel: $\alpha_1 = \frac{\alpha_2}{k_R}$

Welche Funktion hat k_R in der Formel?

k_R berücksichtigt den ____________________-winkel. k_R wird deshalb auch ____________________

genannt; er kann Tabellen entnommen werden.

4 Wie verhält sich der Radius beim Biegen des Werkstücks? (= oder < oder >)

r_1 (am Biegewinkel) **r_2 (am gebogenen Winkel)**

F. Grenzen der Verformbarkeit

1 Ein gebogenes Werkstück weist im gestreckten Bereich (gedehnte Zone) Risse auf. Welche Ursachen können dafür vorliegen?

a) ______________________________

b) ______________________________

c) ______________________________

d) ______________________________

e) ______________________________

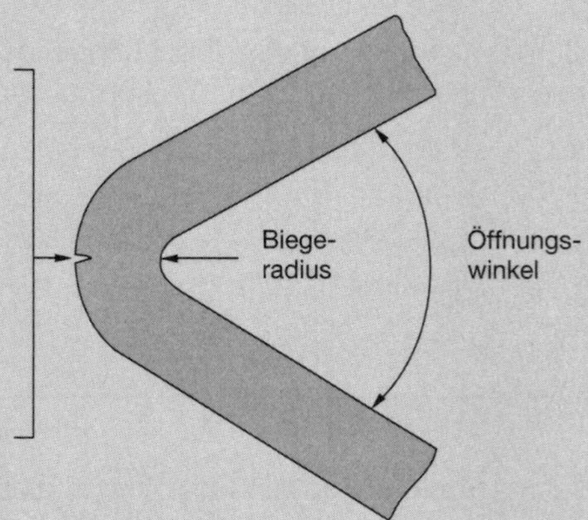

2 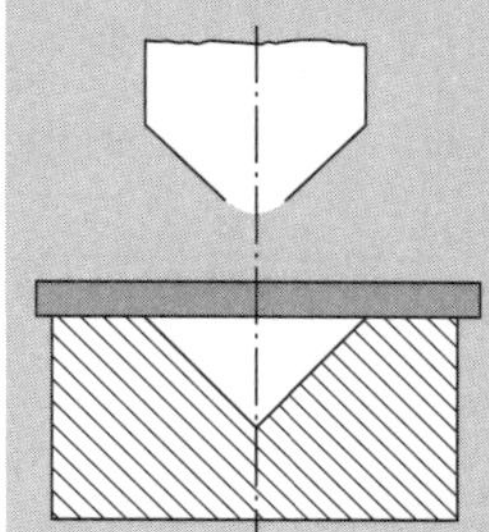

Ergänzen Sie die Spitze des Biegestempels und begründen Sie die von Ihnen gewählte Formgebung.

____

____

Name:	Klasse:	Datum:

A. Überblick

Werkstücke müssen oft miteinander verbunden – „gefügt“ – werden. Es gibt viele Möglichkeiten des Fügens: durch Schrauben, Stifte, Niete, Keile, Federn, Kleben, Löten, Schweißen, Einpressen, Schrumpfen.

1 Beim Fügen unterscheidet man zwei grundsätzliche Arten von Verbindungen: lösbare und unlösbare. Ordnen Sie die oben genannten Verbindungsmöglichkeiten ein.

lösbare Verbindungen	**unlösbare Verbindungen**
a) ______	a) ______
b) ______	b) ______
c) ______	c) ______
d) ______	d) ______
e) ______	e) ______

Als **lösbare** Verbindungen bezeichnet man solche Verbindungen, die jederzeit ______ und wieder ______ werden können.

Als **unlösbare** Verbindungen bezeichnet man solche Verbindungen, die nur gelöst werden können, wenn das ______-element ______ wird.

2 Nach der Art des Zusammenhalts – des „Schlusses“ (von „zusammen-schließen“) – unterscheidet man drei grundsätzliche Arten von Verbindungen: kraftschlüssige, formschlüssige, stoffschlüssige Verbindungen. Ordnen Sie die oben genannten Verbindungsmöglichkeiten ein.

kraftschlüssige Verbindungen	**formschlüssige Verbindungen**	**stoffschlüssige Verbindungen**
Prinzip: Verbindung durch ______	**Prinzip:** Verbindung durch ______	**Prinzip:** Verbindung durch ______
a) ______	a) ______	a) ______
b) ______	b) ______	b) ______
c) ______	c) ______	c) ______
d) ______	d) ______	d) ______
e) ______	e) ______	e) ______

3 Manche Verbindungen sind „mehrschlüssig“. Stellen Sie die verschiedenen Schlüsse (k = kraftschlüssig; f = formschlüssig; s = stoffschlüssig) bei den folgenden Verbindungen fest. Notieren Sie an erster Stelle den wichtigsten Schluss.

Niete ______ Schrauben ______

Keile ______ Spannstift ______

B. Kraftschluss

1 Ziehen Sie die Folgerungen aus den beiden skizzierten Versuchsreihen. (Die Größe der Pfeile stellt die Größe der wirkenden Kräfte dar. Für beide Versuchsreihen gilt trockene Reibung.)

Versuchsreihe 1:

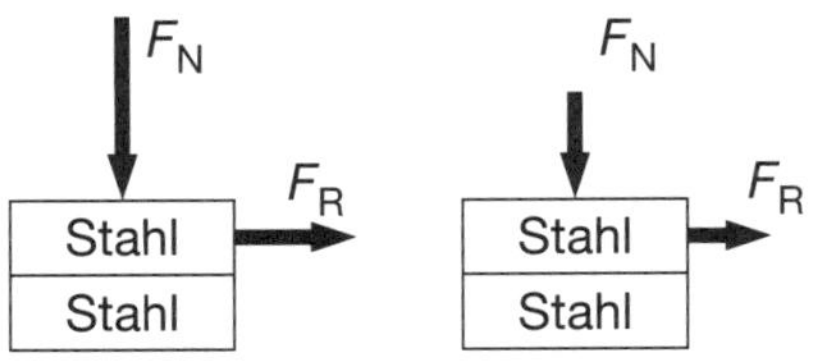

Folgerung: Die Größe der Reibungskraft F_R hängt ab von ______________________________

____

Versuchsreihe 2:

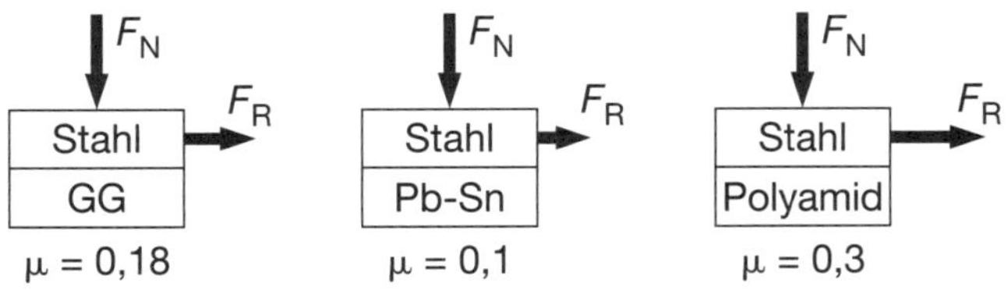

Folgerung: Die Größe der Reibungskraft F_R hängt ab von ______________________

____

______________ (≙ Reibungszahl μ)

(Beachte: Die Gleitreibungskraft ist unabhängig von der Größe der gleitenden Fläche.)

2 Die Reibungskraft F_R, die Anpresskraft (Normalkraft) F_N und die Reibungszahl μ stehen in einem bestimmten Verhältnis zueinander. Dieses Verhältnis lässt sich in einer physikalischen Formel ausdrücken:

________ = ______________

3 Welche praktische Folgerung ergibt sich daraus für die abgebildete kraftschlüssige Verbindung?

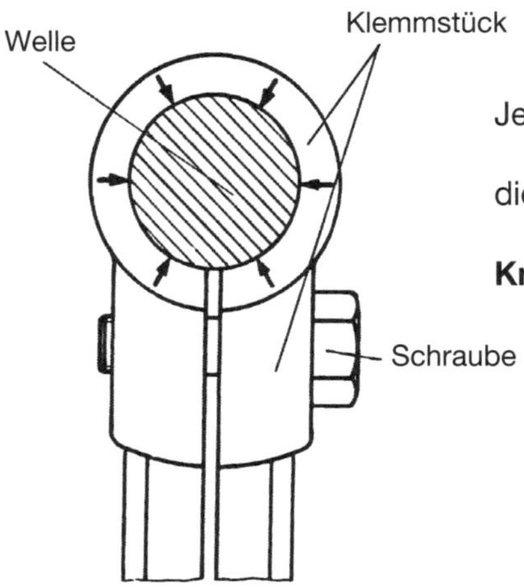

Je größer das **Anzugsmoment** der Schraube, umso ______________________

die **Anpresskraft** des Klemmstücks, d. h. umso ______________________ der

Kraftschluss.

Name:	Klasse:	Datum:

C. Stoffschluss: Schweißen

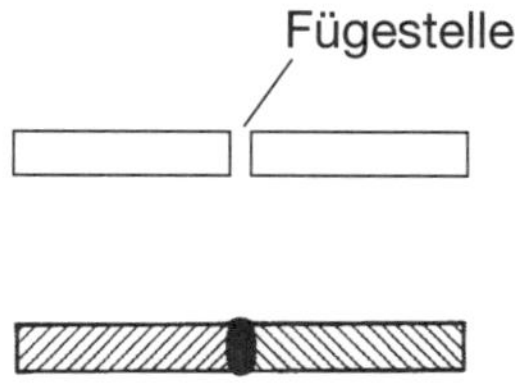

1 Was geht beim Schweißen an der Fügestelle vor sich?

Die Verbindung zwischen den Werkstücken

wird hergestellt, indem die ______________________________

der Werkstücke miteinander ______________________________ werden.

2 Welche Regel gilt dabei bezüglich des Werkstoffs?

____

D. Kohäsion und Stoffschluss

1 Was versteht man unter Kohäsion?

Kohäsion ist die ______________________________-kraft, d.h. die Kraft, mit der die ______________________

eines Stoffes sich gegenseitig ____________________________ . (Ausnahme: Gase!)

2 Welche körperlichen Zustände (Aggregatzustände) ergeben sich bei den folgenden Kohäsionsbedingungen?

a) **sehr große** Kohäsion ⟶ ______________________________ Zustand

b) **geringe** Kohäsion ⟶ ______________________________ Zustand

c) **keine** Kohäsion ⟶ ______________________________ Zustand

3 Welcher Einfluss verringert die Kohäsion eines Körpers?

____

4 Inwiefern beruht das stoffschlüssige Fügeverfahren des Schweißens auf der Kohäsion?

a) Beim Schweißvorgang wird durch Erwärmen die ______________________________ des Werkstoffs

______________________________ , sodass er an der Fügestelle ______________________________ wird.

b) Beim Erkalten des Werkstoffs ______________________________ die ______________________________ , so-

dass er ____________________ wird und eine ______________________________ Verbindung bildet.

E. Stoffschluss: Kleben

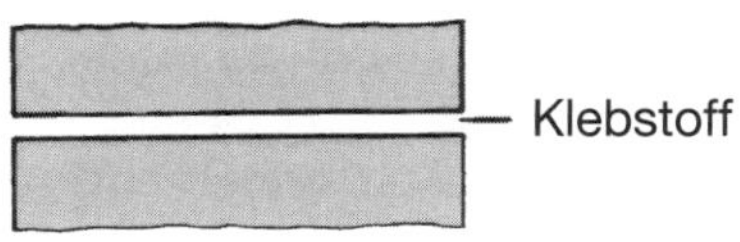

1 Was geht beim Kleben an der Fügestelle vor sich?

Beim Kleben werden gleiche oder unterschiedliche

Werkstoffe durch eine ______________________________ , die zunächst flüssig ist und dann

______________________________ , miteinander verbunden.

2 Welche Arbeitsregeln muss man beachten, wenn man eine gute Klebeverbindung erhalten will?

a) ______________________________

b) ______________________________

c) ______________________________

d) ______________________________

e) ______________________________

F. Adhäsion und Stoffschluss

1 Was versteht man unter Adhäsion?

Adhäsion ist die ______________-kraft, d. h. die Kraft, mit der sich die Moleküle ______________ Stoffe gegenseitig ______________ .

2 Inwiefern beruht das stoffschlüssige Fügeverfahren des Klebens auf Adhäsion und Kohäsion?

Adhäsion: Zwischen den ______________ des ______________ und des ______________ besteht eine starke ______________ .

Kohäsion: Zwischen den ______________ des ______________ besteht ebenfalls eine starke ______________ .

3 Welche Eigenschaften muss demnach ein guter Klebstoff erfüllen?

gute Klebstoffe < ______________
____

G. Stoffschluss: Löten

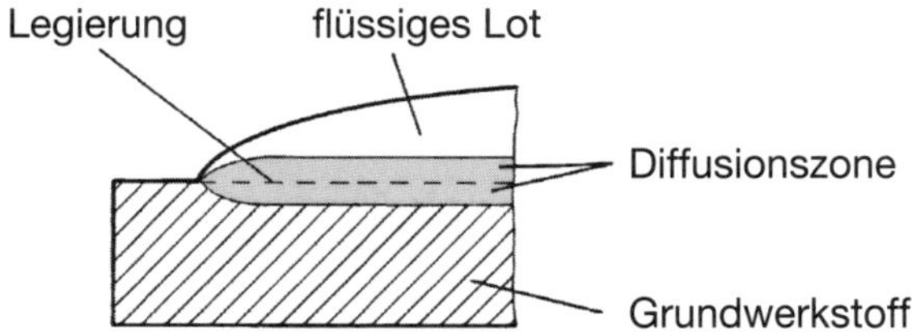

Verbindung zwischen Lot und Werkstoff

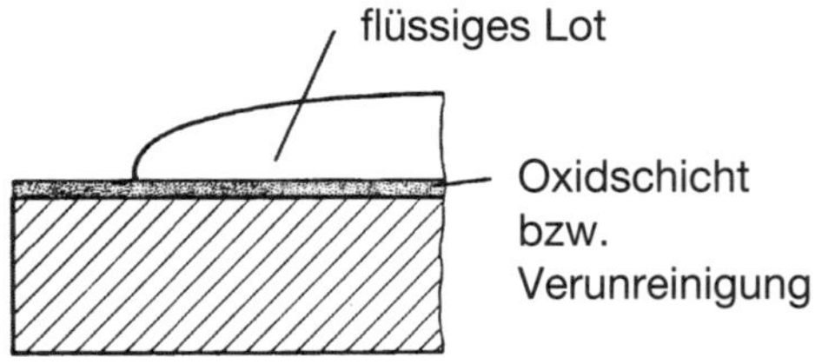

keine Verbindung zwischen Lot und Werkstoff

1 Was geht bei einer richtigen Lötung an der Fügestelle stofflich vor sich?

Das flüssige ______________ dringt ($\triangleq$ diffundiert) in die ______________ des Werkstücks ein und bildet mit dem Werkstoff des Werkstücks eine ______________ .

Name:	Klasse:	Datum:

2 Welche Arbeitsregeln gelten beim Löten? (vgl. Abbildungen Seite 44)

a) ______ } metallisch rein
b) ______ }
c) ______
d) ______
e) ______

3 Wie bezeichnet man die physikalische Erscheinung, aufgrund der das flüssige Lot in den Lötspalt hineingezogen wird?

______

Welche Erkenntnis ergibt sich aus den beiden nebenstehenden Skizzen?

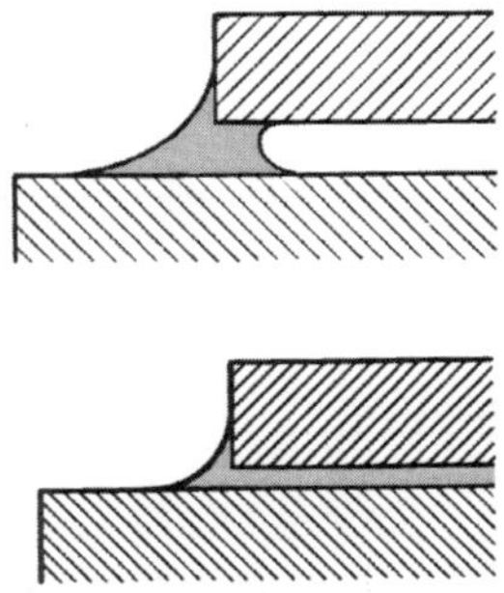

Die ______ ist ______,

wenn der Lötspalt ______ ist. Der Lötspalt sollte

deshalb kleiner als ______ mm sein.

4 Wie lässt sich die Kapillarwirkung physikalisch erklären?

Bei einem **schmalen** Spalt ist die ______ zwischen den Molekülen der Flüssigkeit (hier: des Lots) und der Werkstückwand ______ als die ______ zwischen den Molekülen der Flüssigkeit (hier: des Lots). Das ______ wird deshalb in den schmalen Spalt ______.

H. Formschluss

1 Wie bezeichnet man die abgebildeten formschlüssigen Verbindungen?

a

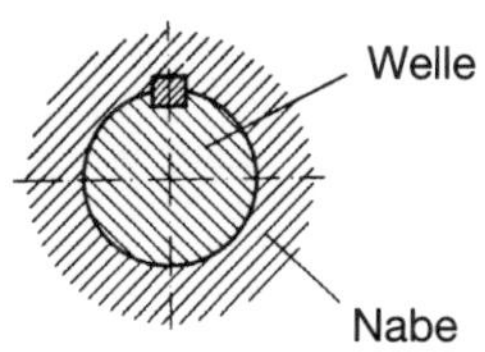

______
______

b

______
______

c

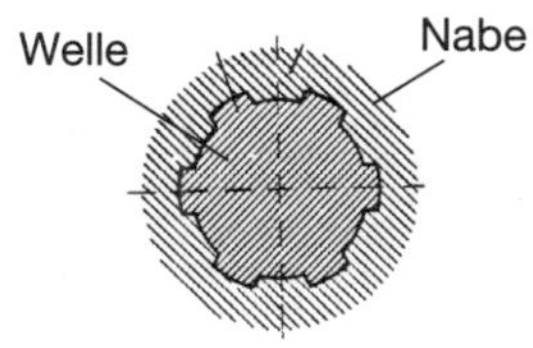

______
______

2 Wie können formschlüssige Verbindungen hergestellt werden?

Beispiel a, b: durch ______

Beispiel c: durch ______

______

A. Bezeichnungen am Gewinde

Außengewinde (Bolzengewinde)

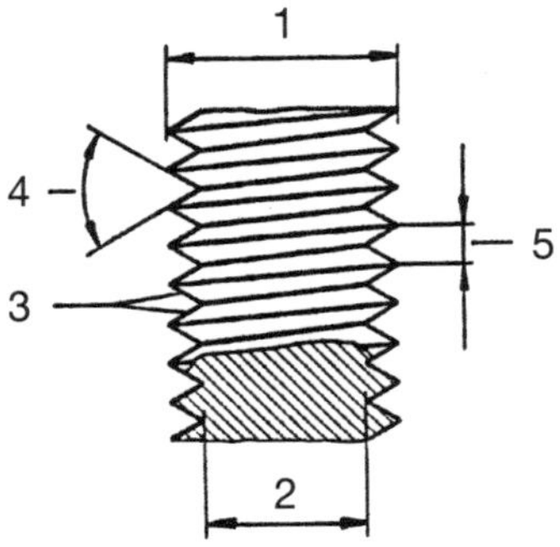

1 ______________________

2 ______________________

3 ______________________

4 ______________________

5 ______________________

Innengewinde (Muttergewinde)
(aufgeschnitten)

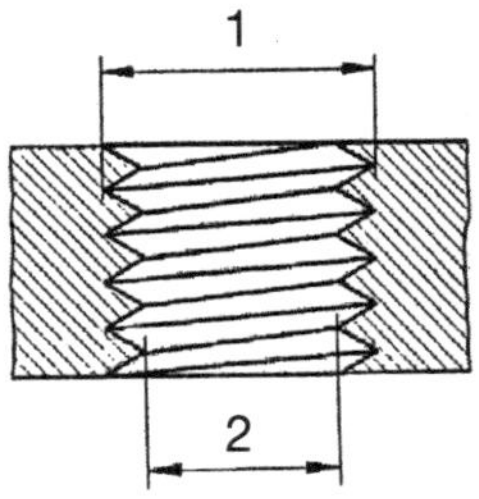

1 ______________________

2 ______________________

B. Verwendungszweck

Wie teilt man die Gewinde nach ihrem Verwendungszweck ein?

____

Beispiele:

____

____

____

Beispiele:

____

____

C. Gewindeprofile

Wie heißen die folgenden Gewindeprofile? Welche Flankenwinkel haben sie? Wozu werden sie verwendet?

Flankenwinkel	Bezeichnung	Verwendung
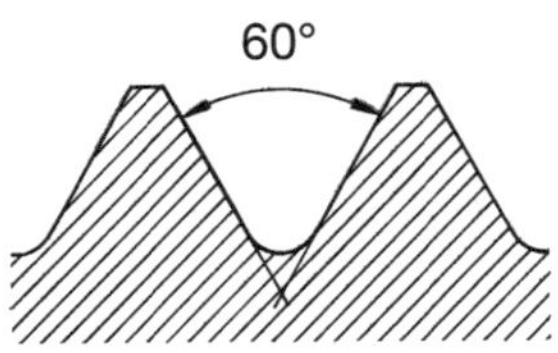	______________________	
	______________________ (Oberbegriff)	
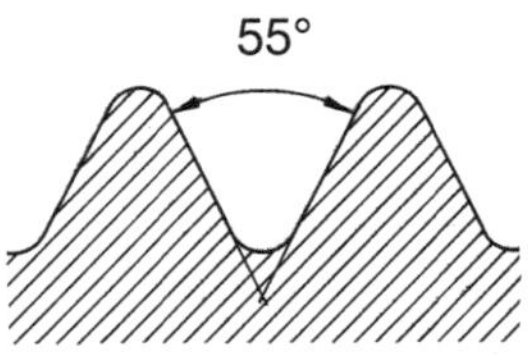	______________________	

Name: | Klasse: | Datum:

Flankenwinkel	Bezeichnung	Verwendung
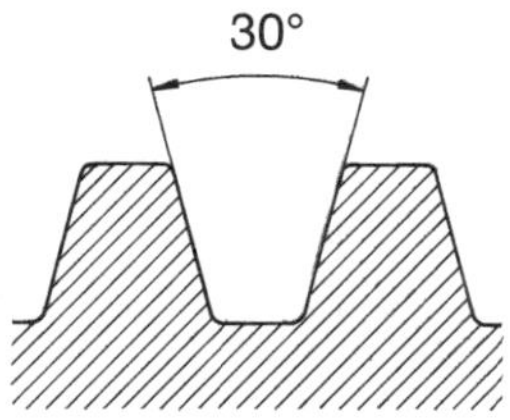	________	________ ________ ________
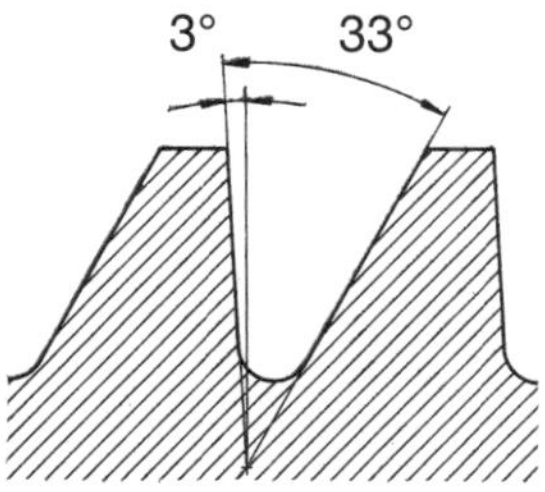	________	________ ________ ________ ________

D. Drehsinn

1 Wie bezeichnet man die abgebildeten Gewinde nach ihrem Drehsinn (Gangrichtung)?

____

Bei diesem Gewinde ________

die Gewindegänge nach ________.

Dieses Gewinde wird im ________ -sinn eingedreht.

Kennzeichnung:

________ (left hand)

____

Bei diesem Gewinde ________

die Gewindegänge nach ________.

Dieses Gewinde wird ________ den

________-sinn eingedreht.

2 Wozu werden Linksgewinde verwendet?

____
____
____
____

E. Gangzahl

1 Worin unterscheiden sich ein- und mehrgängige Gewinde?

Ein **eingängiges** Geweinde hat nur **einen** ________.

Ein **mehrgängiges** Gewinde hat **mehrere** ________.

Die ________ bei **mehrgängigen** Gewinden ist deshalb ________ als bei eingängigen Gewinden mit gleichem Außendurchmesser.

2 Zeichnen Sie farbig den weiteren Verlauf des jeweils untersten Gewindeganges ein. Geben Sie außerdem bei jedem Gewinde zeichnerisch die Steigung p an.

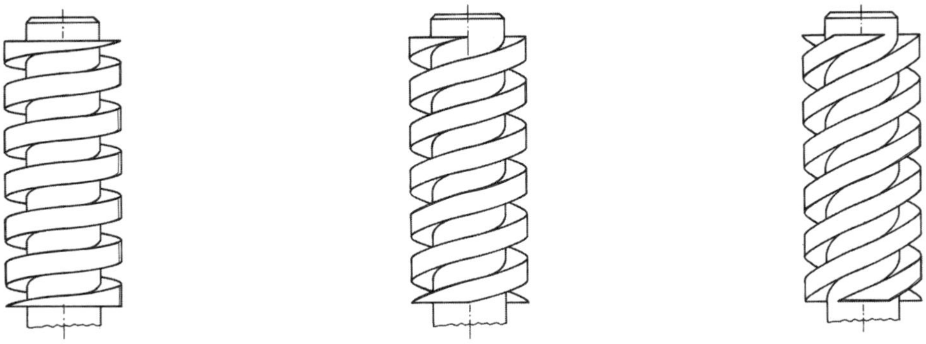

1-gängig | 2-gängig | 3-gängig

3 Wozu werden mehrgängige Gewinde verwendet?

____

____

G. Regelgewinde (Normalgewinde) und Feingewinde

1 Bei welchen Gewindeprofilen gibt es Regelgewinde und Feingewinde?

____

2 Wodurch unterscheiden sich Feingewinde und Regelgewinde?

Bei gleichem Außendurchmesser ist die ____________ des Feingewindes kleiner als die des Regelgewindes.

3 Welchen Vorteil hat das Feingewinde gegenüber dem Regelgewinde?

____________ Steigung bei Feingewinden ⇒ ____________ Anpreßkraft zwischen Flanken ⇒ ____________ Reibungskraft ⇒ ____________ Sicherheit gegen Lösen der Schrauben

H. Normung

Was bedeuten die folgenden Kurzzeichen?

M 12	______________________
M 10 x 0,5	______________________
M 30-LH	______________________
³/₄″	______________________
G 1¹/₂″	______________________
Tr 40 x 7	______________________
S 24 x 5	______________________

Name:	Klasse:	Datum:

A. Einteilung der Werkstoffe

1 Im Berufsfeld Metalltechnik werden unterschiedliche Werkstoffe verwendet. Man unterscheidet dabei drei große Gruppen: Metalle, Nichtmetalle und Verbundwerkstoffe. Suchen Sie dazu jeweils zwei Beispiele.

Werkstoffe

Metalle	**Nichtmetalle**	**Verbundwerkstoffe**
Beispiele:	Beispiele:	Beispiele:
__________	__________	__________
__________	__________	__________
__________	__________	__________

2 Metalle sind die meistverwendeten Werkstoffe in Ihrem Berufsbereich. Man unterscheidet dabei Eisenmetalle und Nichteisenmetalle. Ordnen Sie die folgenden Metallwerkstoffe unter den angegebenen Gesichtspunkten ein und ergänzen Sie die beiden noch fehlenden Oberbegriffe.
Grauguss, Aluminium, Zink, Baustahl, Magnesium, Temperguss, Werkzeugstahl, Kupfer, Zinn, Kugelgraphitguss, Federstahl, Blei, Stahlguss, Hartguss, Titan

Metalle

Eisenmetalle		**Nichteisenmetalle**	
__________	__________	**Schwermetalle** ϱ **> 5 kg/dm³**	**Leichtmetalle** ϱ **< 5 kg/dm³**
Beispiele:	Beispiele:	Beispiele:	Beispiele:
__________	__________	__________	__________
__________	__________	__________	__________
__________	__________	__________	__________
__________	__________	__________	__________
__________	__________	__________	__________

B. Kunststoffe

1 In welche drei großen Gruppen werden die Kunststoffe eingeteilt?

Kunststoffe

______________	______________	______________

2 Welche Eigenschaft von Kunststoffen ist bei den folgenden Verwendungszwecken entscheidend?

Baumaterial für Boote, Flugzeuge	______________
Ummantelung von elektr. Leitern	______________
Handgriffe an Kochgeräten, Handgriff an Lötkolben	______________
Behälter für chemische Produkte	______________
komplizierte Formen und Profile	______________
Schläuche, Dichtungen	______________

C. Werkstoffeigenschaften

1 Für die Herstellung bzw. Verwendung eines Werkstücks werden vom Werkstoff ganz bestimmte Eigenschaften verlangt. Diese teilt man in drei große Gruppen ein: **physikalische, technologische** und **chemische** Eigenschaften. Ordnen Sie diese Begriffe den angeführten Werkstoffeigenschaften zu und geben Sie zusätzlich an, ob die Eigenschaften für die Herstellung, die Verwendung oder beides wichtig sind.

Festigkeit Härte Elastizität Plastizität Dichte Schmelzpunkt thermische Leitfähigkeit elektr. Leitfähigkeit	≙ ______________ Eigenschaften, wichtig für die ______________
gießbar spanend bearbeitbar kalt oder warm umformbar schweißbar lötbar	≙ ______________ Eigenschaften, wichtig für die ______________
Korrosionsbeständigkeit Wärmebeständigkeit Brennbarkeit Giftigkeit	≙ ______________ Eigenschaften, wichtig für die ______________

Name:	Klasse:	Datum:

2 Welche Eigenschaften haben die folgenden Werkstoffe?

Werkstoff	**physikalische** Eigenschaften	**technologische** Eigenschaften	**chemische** Eigenschaften
nichtrostender Stahl			
Kupfer			
Al-Legierung			
Kunststoff (PVC-hart)			

D. Hilfsstoffe

Neben den Werkstoffen werden in der Metalltechnik auch sog. Hilfsstoffe verwendet. Nennen Sie einige Hilfsstoffe für die angegebenen Verwendungszwecke.

Hilfsstoffe

- **zum Herstellen und Bearbeiten von Werkstücken**
- **zum Betreiben von Maschinen**

Beispiele:

Beispiele:

2.2.1 Roheisenherstellung

A. Eisenerze

1 In welcher chemischen Verbindung kommt das Eisen in den Erzen hauptsächlich vor?

Am häufigsten als Verbindung von Eisen mit ______________________ .

Chemische Bezeichnung für diese Verbindung: ______________________

2 Welches (chemische) Ziel hat der Vorgang, der im Hochofen stattfindet?

____

____

B. Hochofenanlage

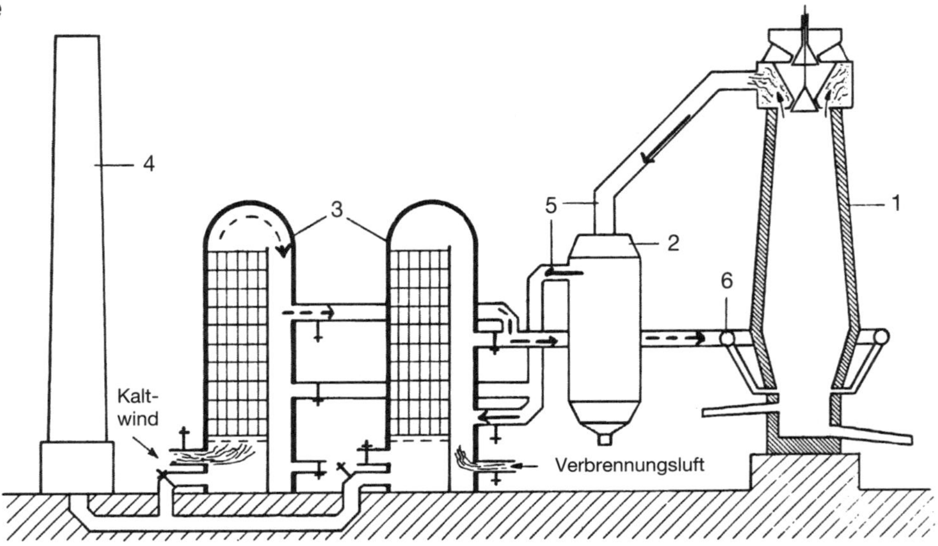

Um welche Teile einer Hochofenanlage handelt es sich bei

1 ______________________ 4 ______________________

2 ______________________ 5 ______________________

3 ______________________ 6 ______________________

C. Beschickung des Hochofens

1 Mit welchen Stoffen wird der Hochofen beschickt?

1. ______________________

2. ______________________

3. ______________________

2 Welche Aufgabe haben die Zuschläge?

Die Zuschläge ______________________ die ______________________ Bestandteile und die Brennstoff-______________________ .

Name: Klasse: Datum:

D. Vorgänge im Hochofen

1 Notieren Sie bei

a) wie die einzelnen Teile des Hochofens genannt werden.

b) die durchschnittlichen Temperaturen, die in diesen Bereichen des Hochofens herrschen.

c) die für die Eisengewinnung entscheidenden Vorgänge in diesen Bereichen.

a b c

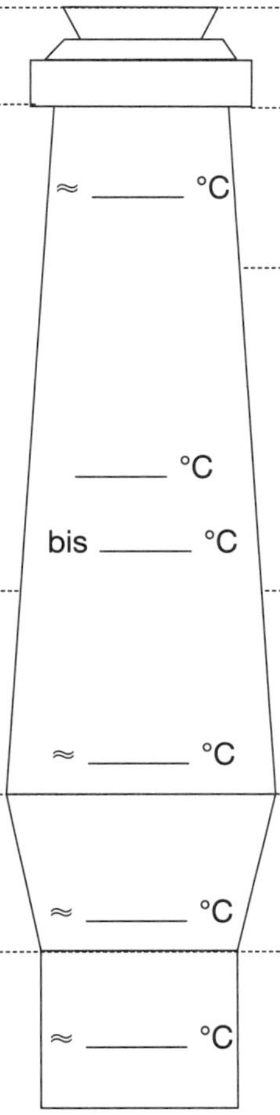

E. Roheisen

Welche zwei Arten von Roheisen liefert der Hochofen?

______ — **Roheisen** — ______

Merkmale:	Merkmale:
1. ______	1. ______
2. ______	2. ______
3. ______	3. ______
Weiterverarbeitung zu ______	Weiterverarbeitung zu ______

2.2.2 Stahlherstellung

A. Stahlerzeugung aus Roheisen

1 Welche Bestandteile im Roheisen müssen weitgehend beseitigt werden, damit aus Roheisen Stahl wird?

Roheisen – {
1. ____________________
2. ____________________
3. ____________________
4. ____________________
5. ____________________
} **= Stahl**

2 Wie groß ist der Kohlenstoffgehalt von Roheisen und unlegiertem Stahl?

Roheisen	_____ … _____ % C
unlegierter Stahl	_____ … _____ % C

3 Nach welchem Prinzip werden die unerwünschten Bestandteile aus dem Roheisen entfernt?

Durch Zuführung von ____________________ werden die unerwünschten Bestandteile ____________________.

Diesen Vorgang nennt man auch ____________________.

4 Welche Verfahren der Stahlerzeugung sind heute üblich?

a) ____

b) ____

B. Sauerstoff-Aufblasverfahren (LD-Verfahren)

Ergänzen Sie Skizze und Text.

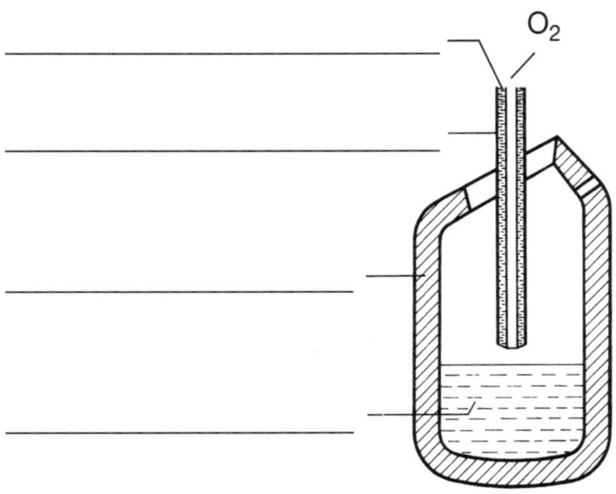

a) Beim LD-Verfahren dient reiner ____________________ zum Frischen.

b) Beim LD-Verfahren wird der Sauerstoff von ____________________ ins Schmelzgut geblasen.

c) Da bei der Verbrennung der unerwünschten Bestandteile sehr hohe Temperaturen entstehen, wird zur ____________________ der Schmelze ____________________ zugegeben.

Name:	Klasse:	Datum:

C. Elektrostahl-Verfahren

Ergänzen Sie die fehlenden Bezeichnungen.

______________________-ofen

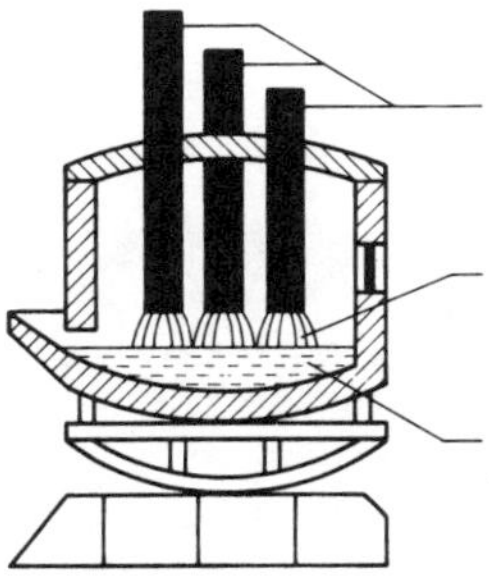

____

____

____

Wie erfolgt die Hitzeerzeugung?

____

Wie groß ist die höchste Temperatur?

__________ °C

Welchen besonderen Vorteil hat dieser Ofen?

____

____

____

____

____

____

D. Direktreduktion

Bei der Direktreduktion werden Eisenerzpellets (≙ gemahlenes Eisenerz, das zu Kügelchen gepresst ist) in einen Ofen gebracht. Durch diesen strömen brennende Gase (CO und H_2), die sich bei einer Temperatur von ca. 1100 °C mit dem Sauerstoff des Eisens verbinden. Übrig bleiben poröse Pellets („Eisenschwamm") aus Eisen und erdigen Bestandteilen. Der Eisenschwamm wird dann im Lichtbogenofen zu Stahl verarbeitet.

1 Übertragen Sie den Erläuterungstext in die folgende Skizze.

1. Schritt: Herstellung von ______________ ⇒ 2. Schritt: ______________ ______________ der Eisenerzpellets im Reduktionsofen ⇒ 3. Schritt: Stahlerzeugung im ______________

2 Welchen Vorteil hat das Direktreduktionsverfahren?

____

E. Stahlerzeugung aus Schrott

1 Welche Bedeutung hat Recycling für die Stahlherstellung heute?

____

____

____

2 Ergänzen Sie die Stufen der Wiederverwertung (Recycling) von Stahl.

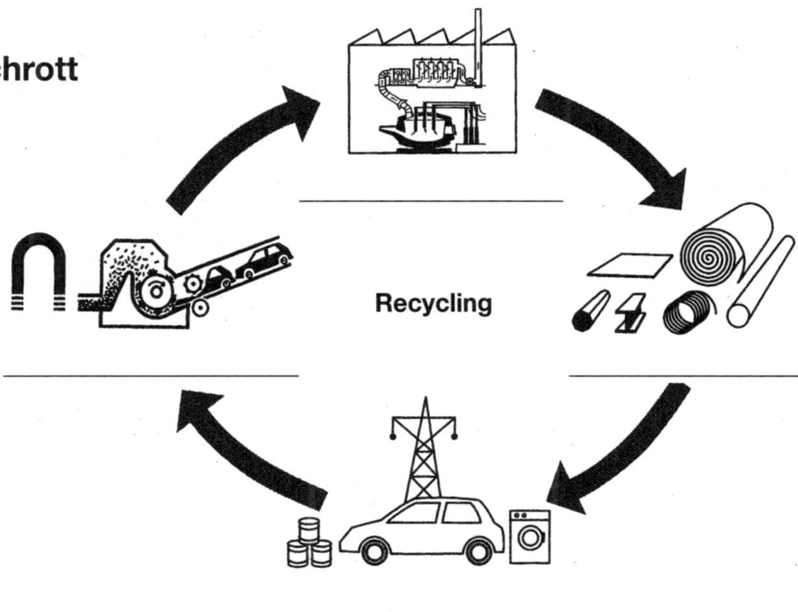

2.2.3 Gusseisenherstellung

A. Gusseisen mit Lamellengraphit (Grauguss)

(Kurzzeichen neu: __________ alt: __________)

1 Aus welchen Ausgangsmaterialien und in welchen Öfen wird Grauguss erschmolzen?

Ausgangsmaterialien: ______________________________

Öfen: ______________________________

2 In welcher Form ist der Kohlenstoff (Graphit) im Grauguss abgelagert?

____

Schliffbild EN-GJL-250
50fach vergrößert

3 Wodurch entsteht diese besondere Form der Graphitausscheidung?

______________ → **Graphit in Lamellenform** ← ______________

4 Ergänzen Sie die Tabelle mit Angaben zu Grauguss.

Si-Gehalt	____ – ____ %
C-Gehalt	____ – ____ %
Schmelzpunkt	ca. ________ °C
Dichte	________

5 Grauguss ist gut gießbar (leichtflüssig). Was ist die Ursache dafür?

______________________________ ⟹ **gute Gießbarkeit**

6 Welche Eigenschaften verleihen die lamellenförmigen Graphiteinlagerungen dem Grauguss?

Grauguss
- ______________________________
- ______________________________
- ______________________________
- ______________________________
- ______________________________

7 Nennen Sie einige Beispiele für Werkstücke aus Grauguss.

____

____

Name:	Klasse:	Datum:

B. Meehanite-Guss

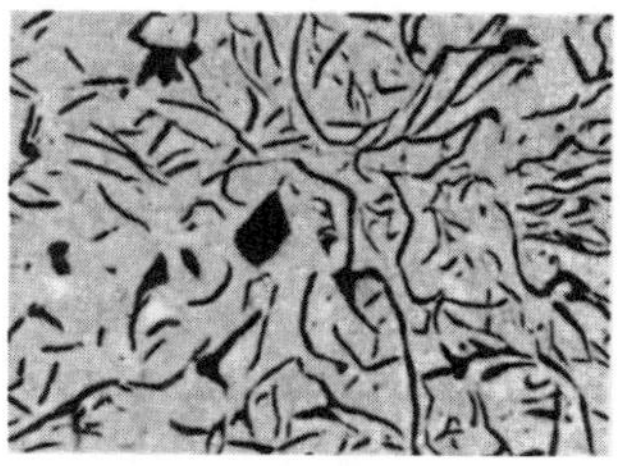
Schliffbild Meehanite-Guss
100fach vergrößert

1 Wie unterscheidet sich der Meehanite-Guss vom Grauguss in der Form der Graphitablagerung?

Beim **Grauguss** ist der Graphit in ____________ Lamellen eingelagert,

beim **Meehanite-Guss** ist er in ____________ Lamellen eingelagert.

2 Welche Eigenschaft verleiht diese Form der Graphitablagerung dem Meehanite-Guss?

____

____

C. Gusseisen mit Kugelgraphit (Kugelgraphitguss)

(Kurzzeichen neu: ________ alt: ________)

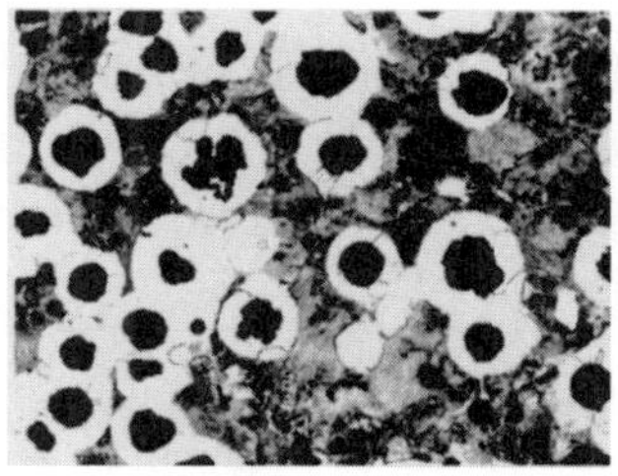
Schliffbild EN-GJS
100fach vergrößert

1 Wie unterscheidet sich der Kugelgraphitguss vom Grauguss in der Form der Graphitablagerung?

Beim Kugelgraphitguss ist der ____________ nicht in Lamellenform, sondern in ____________ eingelagert.

2 Mit welchen Mitteln erreicht man diese besondere Form der Graphitausscheidung?

______________________________ → **Graphit in Kugelform**

3 Welche zwei wichtigen Eigenschaften werden durch die kugelförmigen Graphitablagerungen wesentlich verbessert?

Graphit in Kugelform steigert ⇒
a) ______________________________
b) ______________________________

4 Nennen Sie einige Beispiele für Werkstücke aus Kugelgraphitguss.

____

____

D. Temperguss

1 Was versteht man unter Temperguss?

Temperguss ist ____

2 Welche zwei Arten von Temperguss unterscheidet man?

Temperguss

____________ Temperguss | ____________ Temperguss

Kurzzeichen neu: __________ alt: ________ | Kurzzeichen neu: __________ alt: ________

3 Worin besteht der grundsätzliche Unterschied in der Herstellung von weißem und schwarzem Temperguss?

Weißer Temperguss	**Schwarzer Temperguss**
Dem Rohgussstück wird ein Teil des ____________________ beim Glühen ______________ .	Durch das Glühen tritt nur eine Gefügeveränderung ein, wobei sich der ______________ in Form von ______________ Graphit ablagert.

4 Nennen Sie einige Beispiele für Werkstücke aus Temperguss.

____

E. Überblick

In welcher Form ist der Graphit bei den folgenden Gusswerkstoffen eingelagert?

bei Gusseisen mit Lamellengraphit	bei Meehanite-Guss	bei Gusseisen mit Kugelgraphit	bei Schwarzem Temperguss
______	______	______	______
______	______	______	______

Name:	Klasse:	Datum:

A. Strangguss

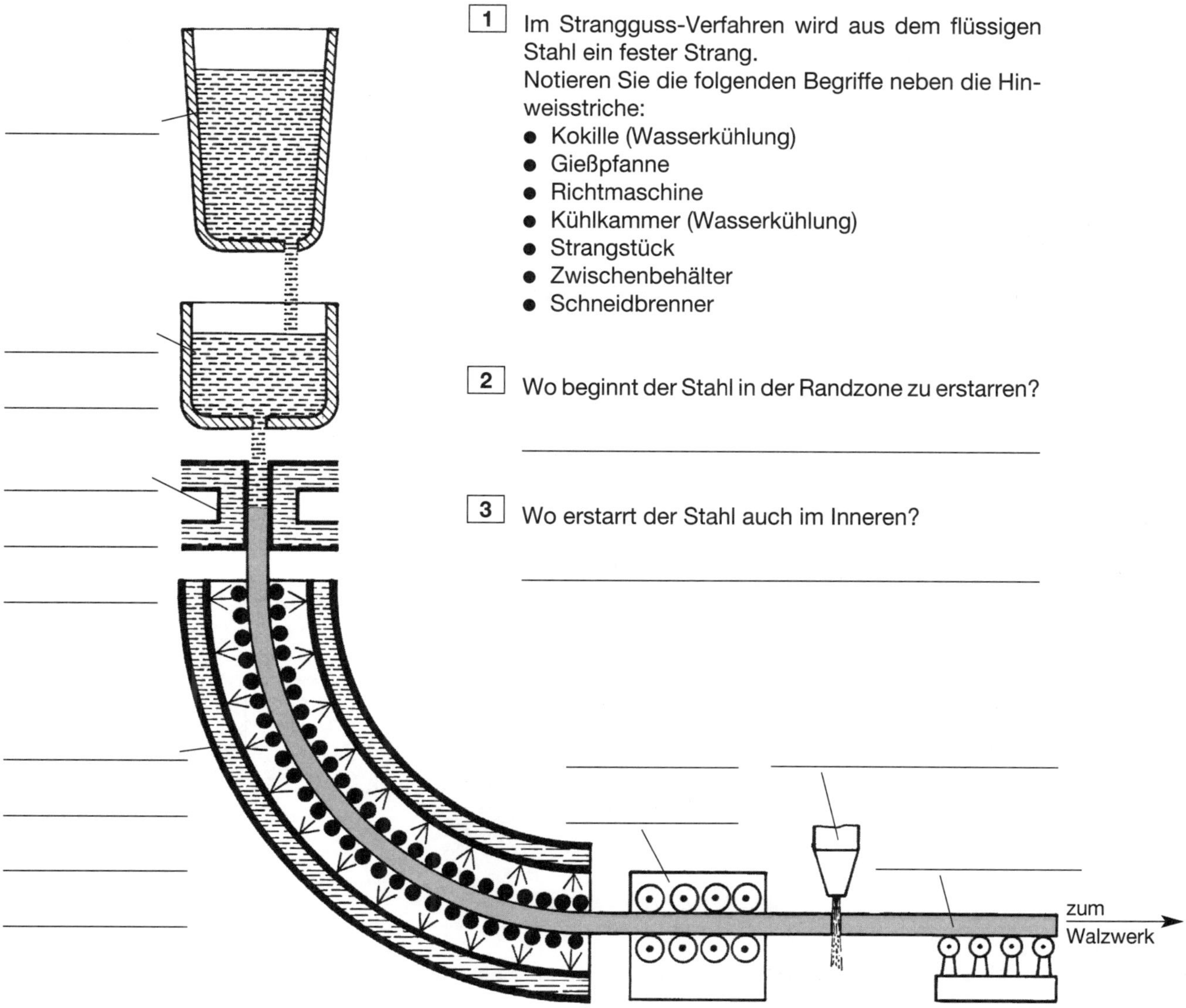

1 Im Strangguss-Verfahren wird aus dem flüssigen Stahl ein fester Strang.
Notieren Sie die folgenden Begriffe neben die Hinweisstriche:

- Kokille (Wasserkühlung)
- Gießpfanne
- Richtmaschine
- Kühlkammer (Wasserkühlung)
- Strangstück
- Zwischenbehälter
- Schneidbrenner

2 Wo beginnt der Stahl in der Randzone zu erstarren?

____

3 Wo erstarrt der Stahl auch im Inneren?

____

B. Halbzeuge

Welche Halbzeugprodukte werden im Walzwerk hergestellt?

a) ______________________________

b) ______________________________

c) ______________________________

d) ______________________________

C. Stahlbleche

In welche Gruppen teilt man die Stahlbleche ein?

1. ______________________ (unter ________ mm Dicke)

2. ______________________ (von ________ bis ________ mm Dicke)

3. ______________________ (von ________ bis ________ mm Dicke)

4. ______________________ (über ________ mm Dicke)

D. Stab- und Formstähle

1 Wie nennt man Stab- und Formstähle mit den folgenden Querschnitten?

○ ______________________ L ______________________

□ ______________________ [______________________

⬡ ______________________ T ______________________

▭ ______________________ I ______________________

2 Nach welchen Verfahren werden Stab- und Formstähle hergestellt?

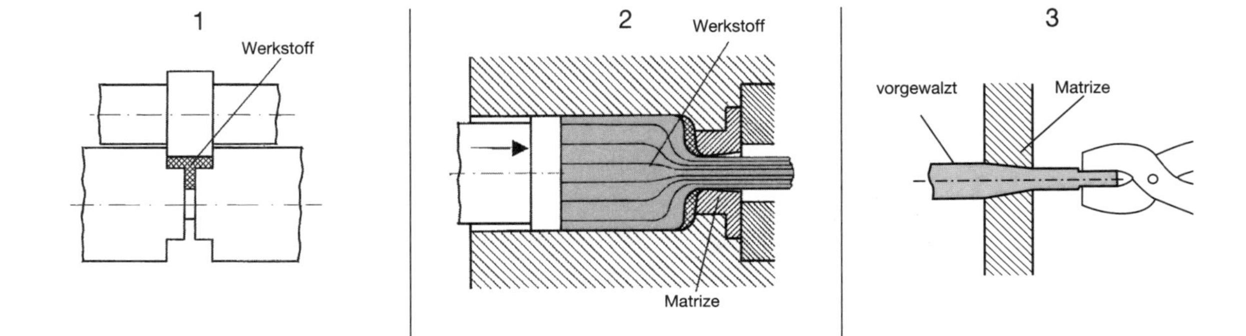

______________________ ______________________ ______________________

3 Welches Verfahren garantiert besonders genaue Maße beim Halbzeug?

____

____

4 Nach welchem Verfahren können Profile mit komplizierten Querschnitten hergestellt werden?

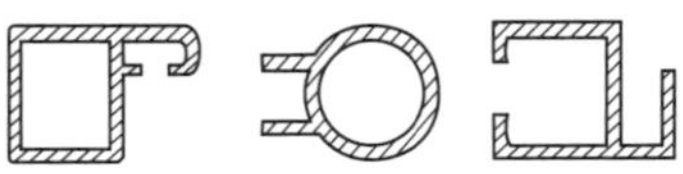

____

E. Drähte

1 Wie werden Drähte hergestellt?

a) ______________________ (über 5 mm ∅)

b) ______________________ (unter 5 mm ∅)

2 Welchen Vor- und Nachteil haben kaltgezogene Drähte?

Vorteil: ______________________ Nachteil: ______________________

______________________ ______________________

____

Name: ______________ Klasse: ______________ Datum: ______________

F. Rohre

1 In welche zwei großen Gruppen teilt man Rohre ein?

______________ Rohre

Vorteil: ______________

Nachteil: ______________

______________ Rohre

Vorteil: ______________

Nachteil: ______________

2 Nach welchen Verfahren werden nahtlose Rohre hergestellt?

1

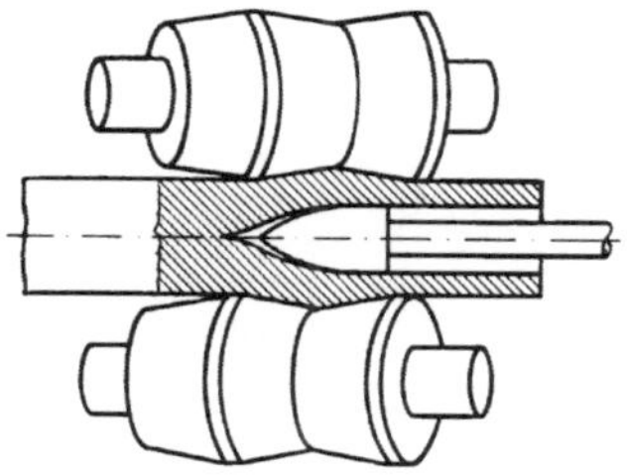

______________ verfahren

____

2

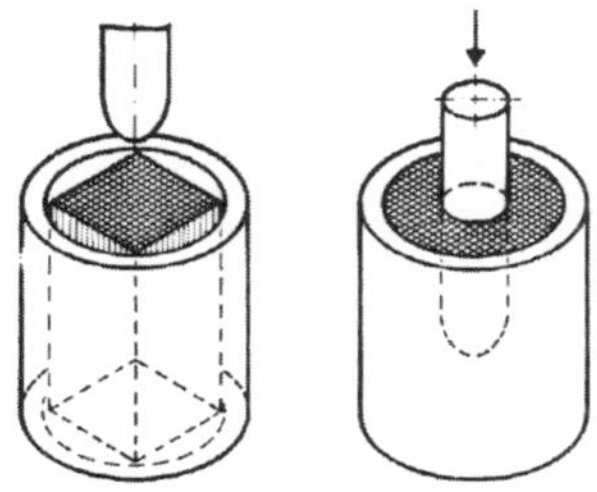

______________ verfahren

____

3

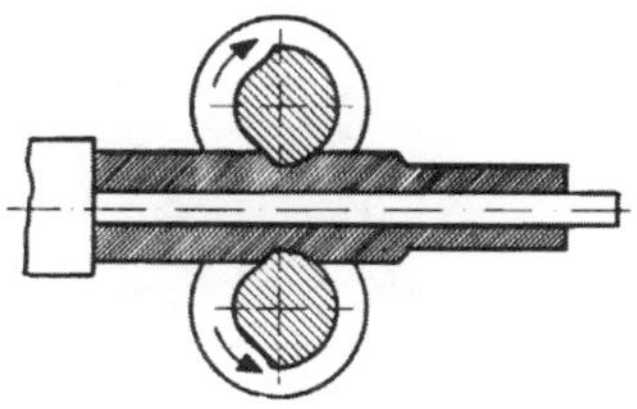

______________ verfahren

____

Welcher Zusammenhang besteht zwischen den Verfahren 2 und 3?

____

____

____

3 Wie werden geschweißte Rohre hergestellt?

Geschweißte Rohre entstehen, indem ______________

in die Form von Rohren ______________ wird. Die ______________

werden anschließend ______________.

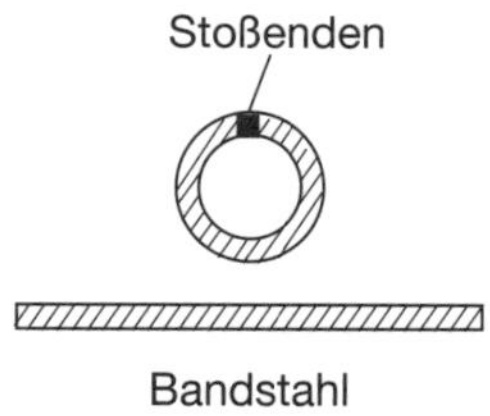

G. Normung von Halbzeugen

1 Eine vollständige Halbzeugnormung besteht aus drei Teilen. Beschreiben Sie an dem folgenden Beispiel allgemein den Inhalt der drei Teile.

Teil 2: ______________

U-Profil DIN 1026 – S235JR – U 100

Teil 1: ______________

____

Teil 3: ______________

____

2 Was bedeutet die Halbzeugnorm (von Aufgabe G 1) im einzelnen?

3 Übersetzen Sie entsprechend die folgende Halbzeugnorm.

I-Profil DIN 1025 – S275JO – I 180

4 Was bedeuten die folgenden Kurzzeichen?

U 60	
L 45 x 5	
L 65 x 50 x 5	
T 50	
I 80	
▭ 45 x 8	
Fl 45 x 8	
⬡ 32	
6 kt 32	
Rd 30	
Rohr 100 x 3	
BL 1,5	
BL 2,5 x 1000 x 2000	
Draht 1,6	

Name:	Klasse:	Datum:

A. Beimengungen im Stahl

Stellen Sie mit Hilfe des Tabellenbuches (entsprechende Seiten zu „Stahlsorten“) fest, welche metallischen Beimengungen und welche nichtmetallischen Beimengungen im Stahl enthalten sein können.

metallische Beimengungen (≙ Legierungselemente)	**nichtmetallische Beimengungen** (≙ Begleitstoffe)
______	______
______	______
______	______
______	______

B. Legierung

1 Was versteht man unter einer Legierung?

Eine Legierung ist ein Gemenge, bei dem ein Metall (Grundmetall) mit ______

______

2 Welchen Zweck hat das Legieren?

Der Werkstoff soll bestimmte ______ erhalten.

C. Legierungselemente

Welche Auswirkungen auf die Eigenschaften eines Stahles haben die folgenden Legierungselemente?

Legierungs-element	**steigert**	**senkt**
Chrom Cr	______ ______ ______	______ ______ ______
Molybdän Mo	______ ______	______ ______
Wolfram W	______ ______	______ ______
Vanadium V	______ ______	______ ______
Mangan Mn	______ ______	______ ______

Legierungs-element	steigert	senkt
Nickel Ni		
Kobalt Co		

D. Begleitstoffe

1 Welche Begleitstoffe sind im Stahl

unbedingt notwendig

in der Regel **unerwünscht**

2 Welche Auswirkungen auf die Eigenschaften eines Stahles haben die folgenden Begleitelemente?

Begleit-element	steigert	senkt
Kohlenstoff C		
Schwefel S		
Phosphor P		
Stickstoff N_2		
Silicium Si		

3 Ermitteln Sie mit Hilfe Ihres Tabellenbuches, welche **Begleitstoffe** außer Kohlenstoff enthalten sind in

Automatenstählen: ______________________

Federstählen: ______________________

Name:	Klasse:	Datum:

Die Benennung der Eisenwerkstoffe befindet sich gegenwärtig im Umbruch. Beschäftigte im Metallbereich sollten daher für eine Übergangszeit neue und bisherige Benennungen kennen.

Beispiel: S 185 (neue Benennung) ≙ St 33 (bisherige Benennung) ≙ 1.0035 (Benennung nach Werkstoffnummern)

A. Werkstoffnummern

1 Man kann Werkstoffe nur mit Ziffern benennen. In diesem Fall spricht man von Werkstoffnummern. Welchen besonderen Zweck hat diese Art der Benennung?

____

2 Eine Werkstoffnummer umfasst in der Regel 5 Ziffern. Stellen Sie mit Hilfe Ihres Tabellenbuches (Stichwort: Werkstoffnummern) fest, welche **allgemeine** Bedeutung die gekennzeichneten Ziffern oder Zifferngruppen der angegebenen Werkstoffnummer haben.

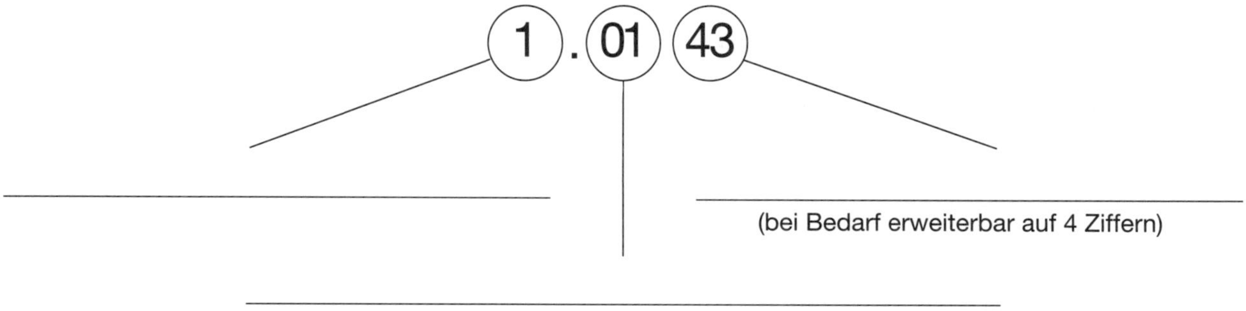

3 Übersetzen Sie mit Hilfe Ihres Tabellenbuches so weit wie möglich die folgenden Werkstoffnummern für Stähle.

1.0143	1.0736
1 ≙ ______	1 ≙ ______
01 ≙ ______	07 ≙ ______
______	______
43 ≙ ______	36 ≙ ______
1.4116	**1.3243**
1 ≙ ______	1 ≙ ______
41 ≙ ______	32 ≙ ______
______	______
16 ≙ ______	43 ≙ ______

B. Bezeichnungssystem für Stähle (neu)

Nach DIN EN 10027 wurden für Stähle einheitlich in Europa Kurznamen gebildet. Diese bestehen aus Buchstaben und Zahlen. Beispiel: **S275JR**
Der erste Buchstabe (hier: S) benennt jeweils eine Stahlsorte. Ermitteln Sie mit Hilfe Ihres Tabellenbuches, was die folgenden ersten Buchstaben jeweils bedeuten.

S . . . . ≙ ____________________

P . . . . ≙ ____________________

E . . . . ≙ ____________________

D . . . . ≙ ____________________

H . . . . ≙ ____________________

HS . . ≙ ____________________

C . . . . ≙ ____________________

X . . . . ≙ ____________________

(kein Buchstabe, Beginn mit Ziffer) ____________________

C. Zusammensetzung der Stähle

1 In welche drei Gruppen kann man die Stähle hinsichtlich ihrer chemischen Zusammensetzung einteilen?

____________ Stähle	____________ Stähle	____________ Stähle

2 Wo liegt die Grenze zwischen niedrig- und hochlegierten Stählen?

N.St.: Der Anteil aller ____________ beträgt ____________ als

H.St.: Der Anteil aller ____________ beträgt ____________ als

> ___ %

D. Normungsbeispiele für Stähle

1 Ermitteln Sie mit Hilfe Ihres Tabellenbuches so weit wie möglich,
a) was die folgenden Kurznamen bedeuten bzw. wie sie lauten,
b) die entsprechenden Werkstoffnummern,
c) die entsprechenden bisherigen (alten) Kurznamen.
(Wenn Werkstoffnummern oder bisherige Kurznamen nicht aus dem Tabellenbuch ermittelbar sind, machen Sie einen Strich.)

neuer Kurzname	Werkstoff-nummer	Bedeutung	bisheriger Kurzname
S275JR	______	____________________ ____________________	______
S235J2G3	______	____________________ ____________________	______
S355N	______	____________________ ____________________	______

Name:	Klasse:	Datum:

neuer Kurzname	Werkstoff-nummer	Bedeutung	bisheriger Kurzname
________	________	Baustahl; Mindeststreckgrenze R_e = 355 N/mm²; Kerbschlagarbeit 27 Joule bei 0 °C	________
________	________	Baustahl; Mindeststreckgrenze R_e = 355 N/mm²; Kerbschlagarbeit 40 Joule bei –20 °C; vollberuhigt vergossen	________
P295GH	________	________ ________	________
________	________	Druckbehälterstahl; Mindeststreckgrenze R_e = 355 N/mm²; (weiteres Merkmal ≙ G); für Hochtemperaturen;	________
E295	________	________	________
________	________	Maschinenbaustahl; Mindeststreckgrenze R_e = 360 N/mm²;	________
HS6–5–2–5	________	________	________
________	________	Schnellarbeitsstahl mit 18 % W, 1 % Mo, 2 % V, 5 % Co	________
C22	________	________	________
C45	________	________	________
________	________	unleg. Stahl mit 0,35 % C	________
________	________	unleg. Stahl mit 0,60 % C	________

2 Bei den folgenden Stählen (niedriglegierte und hochlegierte) gilt weiterhin die bisherige Normung. Ergänzen Sie die Spalten mit Hilfe Ihres Tabellenbuches.

Kurzname	Werkstoff-nummer	Bedeutung
17Cr3	________	________
20MoCr4	________	________
42CrMoS4	________	________
60SiCr7	________	________
35SPb20	________	________
15CrMoV5–9	________	________
________	________	Stahl mit $\frac{34}{100}$ % C; $\frac{4}{4}$ % Cr
________	________	Stahl mit $\frac{16}{100}$ % C; $\frac{5}{4}$ % Mn; etwas Cr
________	________	Stahl mit 0,9 % C; 2 % Mn; etwas Cr und V
________	________	Stahl mit 0,60 % C; 1,75 % W; etwas Cr und V

Welche Legierungsmetalle haben die folgenden Teiler?

______ ______ ______ ______ ______ ______ } **:4**	______ ______ ______ ______ ______ ______ } **:10**	______ ______ ______ ______ ______ ______ } **:100**

Kurzname	Werkstoff-nummer	Bedeutung
X12Cr13	______	______
X10CrNi18-8	______	______
______	______	hochleg. Stahl mit $\frac{36}{100}$ % C; 17 % Cr; etwas Mo
______	______	hochleg. Stahl mit $\frac{6}{100}$ % C; 17 % Cr; 1 % Mo

Welche Bedeutung hat das vorangestellte X bei der Normung von Stählen?

X bedeutet ______ ; die Zahlen geben den tatsächlichen ______

der Legierungsbestandteile an (Ausnahme: ______)

E. Normungsbeispiele für Gusswerkstoffe

1 Ermitteln Sie mit Hilfe Ihres Tabellenbuches

a) was die folgenden Kurznamen für Gusswerkstoffe bedeuten bzw. wie sie lauten,
b) die entsprechenden Werkstoffnummern.
c) die entsprechenden bisherigen (alten) Kurznamen.
(Wenn Werkstoffnummern oder bisherige Kurznamen nicht aus dem Tabellenbuch ermittelbar sind, machen Sie einen Strich.)

neuer Kurzname	Werkstoff-nummer	Bedeutung	bisheriger Kurzname
EN-GJL-150	______	______ ______	______
EN-GJS-700-2	______	______ ______	______
EN-GJMW-400-5	______	______ ______	______
EN-GJMB-550-4	______	______ ______	______

Name:	Klasse:	Datum:

neuer Kurzname	Werkstoff-nummer	Bedeutung	bisheriger Kurzname
______	______	Gusseisen mit Lamellengraphit (Grauguss); Zugfestigkeit R_m = 300 N/mm²	______
______	______	Gusseisen mit Kugelgraphit (Kugelgraphitguss); Zugfestigkeit R_m = 600 N/mm²; Bruchdehnung = 3 %	______
______	______	entkohlend geglühter Temperguss (weißer Temperguss); Zugfestigkeit R_m = 550 N/mm²; Bruchdehnung 4 %	______
______	______	nichtentkohlend geglühter Temperguss (schwarzer Temperguss); Zugfestigkeit R_m = 450 N/mm²; Bruchdehnung 6 %	______
EN-GJL-HB215	______	______ ______	______
______	______	Gusseisen mit Kugelgraphit (Kugelgraphitguss); Brinellhärte 170 … 230	______

2 Bei **Stahlguss** (für allgemeine Verwendungszwecke) gilt noch das bisherige Bezeichnungssystem:

Kurzname	Werkstoff-nummer	Bedeutung
GS-45	______	______
______	______	Stahlguss; Zugfestigkeit R_m = 600 N/mm²

Schwermetalle – Leichtmetalle

a) Nennen Sie einige Leicht- und Schwermetalle und ihre jeweilige Dichte (s. Tabellenbuch).

b) Wo liegt die Grenze zwischen Schwermetallen und Leichtmetallen hinsichtlich der Dichte?

Schwermetalle	Dichtegrenze	Leichtmetalle
______________	______ kg/dm^3	______________
______________		______________
______________		______________

2.6.1 NE-Schwermetalle und ihre Legierungen

A. Kupfer

1 Geben Sie zahlenmäßig oder mit einem Stichwort (groß – klein, gut – schlecht) die folgenden Eigenschaften von Kupfer an. Wo werden diese Eigenschaften in der Metalltechnik praktisch ausgenützt?

Eigenschaft		Ausnützung in der Metalltechnik
Schmelzpunkt	______________	
Dehnbarkeit	______________	
Korrosionsbeständigkeit	______________	
Wärmeleitfähigkeit	______________	
elektrische Leitfähigkeit	______________	

2 Was entsteht, wenn Kupfer mit Luft in Berührung kommt?

Es bildet sich an der Oberfläche eine braungrüne ______________, genannt ______________.

B. Zink

1 Wozu wird Zink in der Metalltechnik hauptsächlich verwendet?

a) ______________

b) ______________

c) ______________

Name:	Klasse:	Datum:

2 Wodurch unterscheiden sich Zinkbleche und verzinkte Stahlbleche optisch?

Zinkbleche: ______________________________

Verzinkte Stahlbleche: ______________________________

C. Zinn

1 Wozu wird Zinn in der Metalltechnik hauptsächlich verwendet?

a) ______________________________

b) ______________________________

2 Wie bezeichnet man verzinntes Stahlblech?

verzinntes Stahlblech ≙ ______________________________

D. Blei

1 Welche wichtigen Eigenschaften hat Blei?

a) ______________________________

b) ______________________________

c) ______________________________

2 Wozu wird Blei hauptsächlich verwendet?

____

____

E. Benennung von NE-Schwermetallen

1 Was bedeuten die folgenden Kurzzeichen?

Zn 98,5	______________________________
Sn 99,95	______________________________
Pb 99,9	______________________________

2 Bei Kupfer wird der Reinheitsgrad mit Buchstaben von A bis F angegeben.

A – Cu (______________ Reinheitsgrad) ...... **F – Cu** (______________ Reinheitsgrad)

F. Guss- und Knetlegierungen

Was versteht man unter Guss- und Knetlegierungen?

Gusslegierungen lassen sich gut ____________.

Sie werden deshalb zu ______________ verarbeitet.

Kennzeichnung im Kurznamen: ______

Knetlegierungen lassen sich gut spanlos ______________,

z. B. zu ____________, ____________ oder ____________.

Kennzeichnung im Kurznamen: ______

G. Kupferlegierungen

Für **Kupfer**legierungen gibt es traditionelle Bezeichnungen. Wie lauten die entsprechenden genormten Bezeichnungen dafür?

trad. Bez.	Bezeichnung nach Norm	Verwendung oder besondere Eigenschaften
Messing		
Zinnbronze		
Rotguß		
Neusilber		
Aluminium-bronze		

H. Normung von NE-Schwermetalllegierungen

Ermitteln Sie mit Hilfe Ihres Tabellenbuches die Bedeutung der folgenden Kurznamen bzw. wie sie lauten:

Kurzname	Werkstoff-nummer	Bedeutung
G-CuZn15		
GK-ZnAl6Cu1		
		Kupfer-Zinn-Gusslegierung mit 12 % Sn und etwas Blei
		Zink-Druckgusslegierung mit 4 % Al und 3 % Cu
CuZn28		
CuNi12Zn24		
		Kupfer-Zinn-Knetlegierung mit 8 % Zinn

Name:	Klasse:	Datum:

I. Blei-Zinn-Legierungen

1 Wozu werden Zinn-Blei-Legierungen häufig verwendet?

a) ______________________________

b) ______________________________

2 Die Normung von Weichloten wurde durch DIN EN 29453 neu geregelt. Ermitteln Sie mit Hilfe Ihres Tabellenbuches die Bedeutung der folgenden Kurznamen bzw. wie sie lauten.

neuer Kurzname	bisheriger Kurzname	Bedeutung
S–Sn63Pb37	______________	______________________________
S–Pb58Sn40Sb2	______________	______________________________
______________	______________	Weichlot mit 60 % Blei und 40 % Zinn

2.6.2 Leichtmetalle und Leichtmetalllegierungen

A. Aluminium

Geben Sie zahlenmäßig oder mit einem Stichwort (gut – schlecht bzw. groß – gering) die folgenden Eigenschaften von Aluminium an. Notieren Sie – wo vorgesehen – Beispiele dafür, wie diese Eigenschaften in der Metalltechnik ausgenützt werden.

Eigenschaft		Ausnützung in der Metalltechnik
Dichte	______________	______________________________
Zerspanbarkeit	______________	______________________________
Dehnbarkeit	______________	______________________________
Wärmeleitfähigkeit	______________	______________________________
elektr. Leitfähigkeit	______________	______________________________
Korrosionsbeständigkeit	______________	______________________________
Schweißbarkeit	______________	
Schmelzpunkt	______________	
Festigkeit	______________	

B. Aluminiumlegierungen

1 Wozu dient das Legieren von Aluminium in erster Linie?

Legieren von Al erhöht → a) ______________________

b) ______________________

2 Mit welchen Metallen (chemische Kurzzeichen) wird Aluminium hauptsächlich legiert?

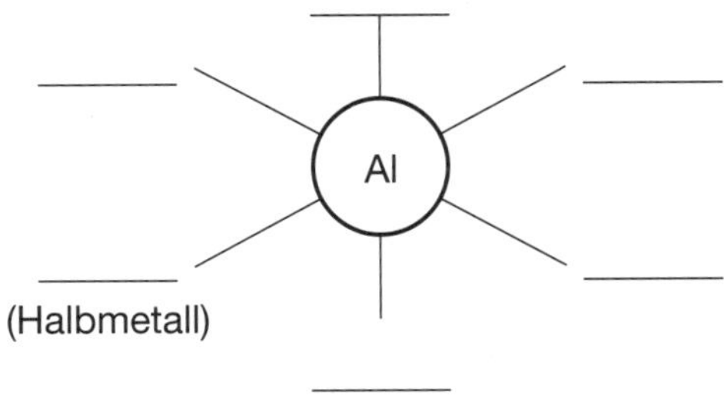

C. Normung von Al und Al-Legierungen

Ermitteln Sie mit Hilfe Ihres Tabellenbuches die Bedeutung der folgenden Kurznamen bzw. wie sie lauten.

1

Kurzname	Werkstoff-nummer	Bedeutung
EN AW–Al99,5	____________	______________________________
EN AW–AlMg2	____________	______________________________
____________	____________	Al-Knetlegierung mit 1 % Mangan, etwas Kupfer
EN AC–AlSi9	____________	______________________________
EN AC–AlSi10Mg	____________	______________________________

2 An welchen Buchstaben in Kurzname und Werkstoffnummer lassen sich bei Al-Legierungen Knet- und Gusslegierungen unterscheiden?

____

D. Titan und Titanlegierungen

1 Welche für die Technik positiven Eigenschaften hat Titan?

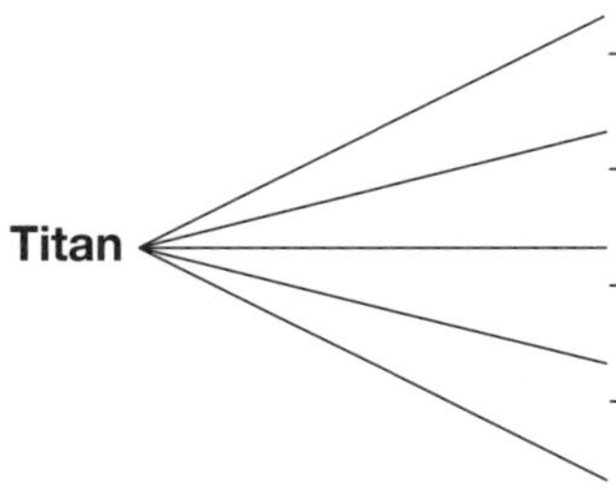

____

____

____

____

____

2 Wo werden Ti und Ti-Legierungen bevorzugt verwendet?

____

____

____

Name:	Klasse:	Datum:

A. Denken in größeren Zusammenhängen

1 Die Arbeit jedes Einzelnen wirkt weit über ihn und seinen Arbeitsplatz hinaus.
Verbinden Sie mit Strichen (Geraden, Bögen) die Gesichtspunkte, die zusammenhängen.

Betriebskosten

Verdienst

umweltschonende Materialien und Fertigungsverfahren

Wiederverwendung alter Teile

Lebensgrundlagen künftiger Generationen

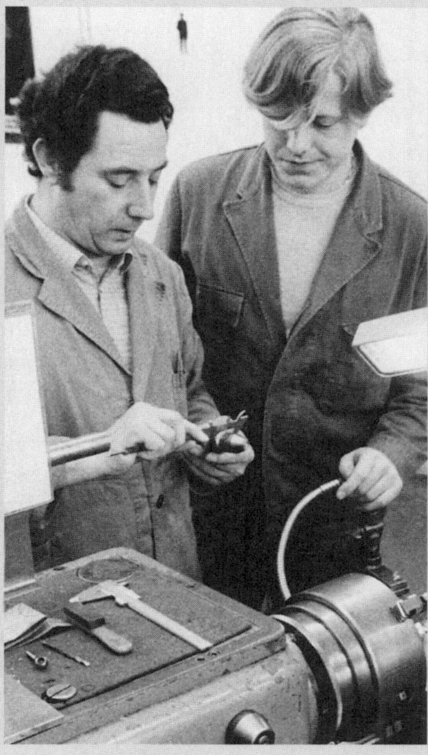

Konkurrenzfähigkeit

sparsamer Umgang mit Materialien

Recycling (Rückgewinnung wertvoller Stoffe aus Abfällen)

eigene Gesundheit und Gesundheit anderer

Umgang mit problematischen Stoffen (Öle, Lacke, Lösungsmittel u. a.)

2 In einer Schrift des Landesgewerbeamtes Baden-Württemberg, herausgegeben für metallverarbeitende Betriebe, steht:

> Ohne Frage hat sich die ökologische Situation weltweit verschärft und verschärft sich weiter. Unsere jetzige Wirtschaftsweise läuft in eine Sackgasse. So wie wir produzieren und konsumieren, ist in unserer heutigen Welt nicht mehr verantwortbar. Der Klage und Kritik an der Umweltpolitik kann daher nicht mit Umweltschutz ja oder nein begegnet werden. Es gibt keine Alternative. Wir werden unsere natürlichen Lebensgrundlagen nur sichern, wenn wir Umweltschutz ganz selbstverständlich im Alltag praktizieren. Dies gilt ganz allgemein und in besonderem Maß für den betrieblichen Alltag.

a) Erläutern Sie mündlich die beiden unterstrichenen Sätze.

b) Welcher grundsätzliche Zusammenhang zwischen Mensch und Welt wird in der Schrift angedeutet?

B. Abfallbehandlung in Metallbetrieben

Wie sollen die folgenden in Metallbetrieben vorkommenden Abfälle entsorgt werden? Kreuzen Sie an.

Abfallart	Rückgabe an Lieferanten	an Schrotthändler	zu Haus-/Gewerbemüll	zu Sondermüllannahme	Bemerkungen
Metallabfälle	____	____	____	____	____
Altöl, Getriebeöl, Hydrauliköl	____	____	____	____	____
Putzlappen (öl-, fettverschmiert)	____	____	____	____	____
Kühlschmierstoffe, Bohremulsionen (aus **mineralischen** Ölen)	____	____	____	____	____
Kühlschmierstoffe, Bohremulsionen (aus **synthetischen** Ölen)	____	____	____	____	____
Metallschleifschlamm mit Anteilen von Kühlschmierstoffen	____	____	____	____	____
Dosen mit Farben, Klebern, Härtern, Reinigern					____
a) leer (spachtel- oder pinselrein)	____	____	____	____	
b) eingetrockneter Inhalt	____	____	____	____	
c) flüssiger Inhalt	____	____	____	____	
Lösungsmittel (Waschbenzin, Terpentin u. a.)	____	____	____	____	____
Akkus für Bohrmaschinen, Schrauber	____	____	____	____	____

Name: Klasse: Datum:

A. Wirkungen des elektrischen Stromes

Welche Wirkungen des elektrischen Stromes werden in der Praxis angewendet?

Wirkungen

______________	______________	______________	______________
Anwendungsbeispiele:	Anwendungsbeispiele:	Anwendungsbeispiele:	Anwendungsbeispiele:
Bügeleisen	Glühbirne	Elektromagnet	Batterie
Lötkolben	Leuchtstoffröhre	Schaltrelais	Eloxieren

B. Elektrischer Strom und elektrische Leiter

1 Was versteht man unter elektrischem Strom?

Atome sind aufgebaut aus Protonen, Neutronen und Elektronen. Protonen haben eine elektrisch ______________ Ladung, Elektronen eine elektrisch ______________ Ladung; Neutronen sind elektrisch ______________ .

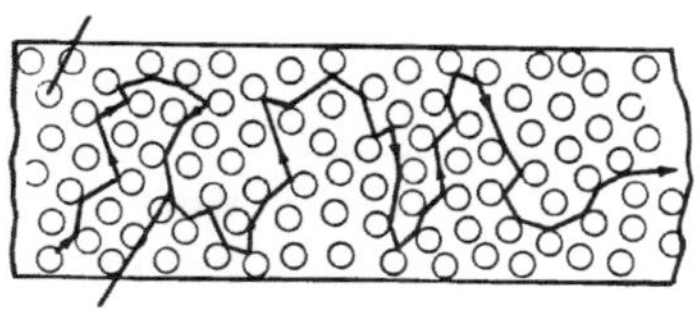

Bei manchen Stoffen, vor allem Metallen, können sich unter dem Einfluss bestimmter Kräfte einzelne ______________ aus dem Atomverband lösen und von Atom zu Atom ______________ . Man bezeichnet das ______________ dieser sogenannten ______________ **Elektronen** als elektrischen Strom.

2 Was versteht man unter elektrischen Leitern bzw. Nichtleitern?

Elektrische Leiter	**Elektrische Nichtleiter (Isolatoren)**
sind Stoffe mit ______________ **freien Elektronen.**	sind Stoffe mit ______________ **freien Elektronen.**
Beispiele: ______________	Beispiele: ______________

3 Was versteht man unter elektrischen Halbleitern?

Halbleiter sind kristalline Werkstoffe, deren elektrische Leitfähigkeit ______________ den Werten der ______________ und der ______________ liegt.

Beispiele:

C. Stromkreis

Der Elektronenstrom kann mit einem geschlossenen Wasserstromkreis verglichen werden.

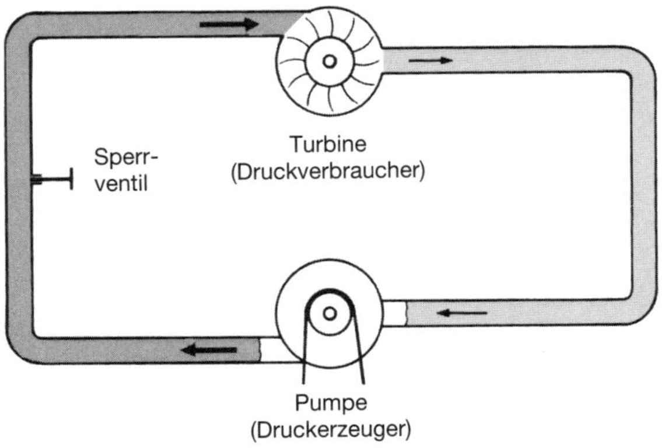

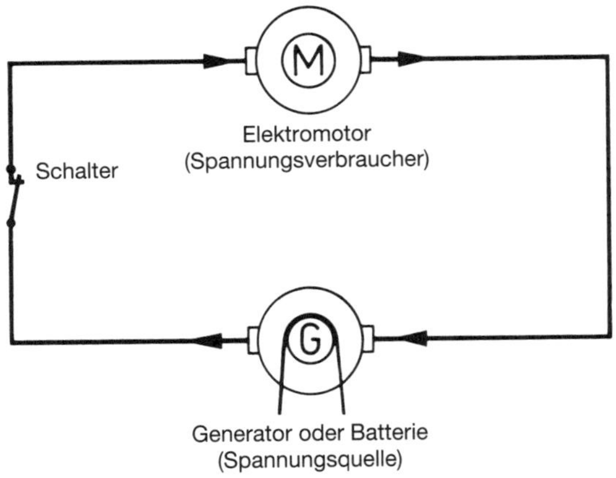

1 Vergleichen Sie die beiden Leitungssysteme. Welche Erkenntnisse lassen sich daraus für den elektrischen Strom ableiten? (Beachten Sie immer, dass es sich nur um einen **Vergleich** handelt!)

a) Der elektrische Strom ____________ nur, wenn der Stromkreis ____________________ ist.

b) Dem Unterschied des Wasserdrucks beim Austritt des Wassers aus der Pumpe und vor Wiedereintritt in die Pumpe entspricht die elektrische ____________________ .

c) Der Wassermenge, die pro Sekunde durch den Rohrquerschnitt fließt, entspricht die elektrische ____________________ .

d) Dem Druckverlust des Wassers durch die Turbine und durch die Reibung des Wassers entspricht der elektrische ____________________ .

2 Welche Formelzeichen und Maßeinheiten haben die elektrischen Grundgrößen?

Beschreibung der elektr. Größe	**Bezeichnung der elektr. Größe**	**Formelzeichen**	**Maßeinheit**	**Kurzzeichen**
elektronenbewegende Kraft				
Menge der fließenden Elektronen je Sek.				
Behinderung des Elektronenflusses				

3 Welcher Zusammenhang besteht zwischen diesen Größen?

Die **Stromstärke** ist umso **größer,** je ____________ die ____________ und je ____________ der ____________ ist. Daraus folgt:

Stromstärke = ____________	*I* = ______

(ohmsches Gesetz)

4 Wovon hängt die Größe des elektrischen Widerstandes ab?

____________________ ____________________

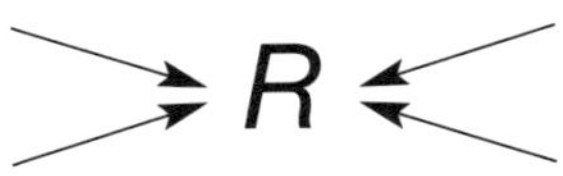

____________________ ____________________

Name: | Klasse: | Datum:

D. Erzeugung von Elektrizität

Die Erzeugung von Elektrizität besteht eigentlich in der Erzeugung einer (elektrischen) Spannung, die in Leitern freie Elektronen fließen lässt.

Ergänzen Sie die Tabelle.

	Art der Spannungserzeugung	Energieumwandlung	technische Anwendung
1 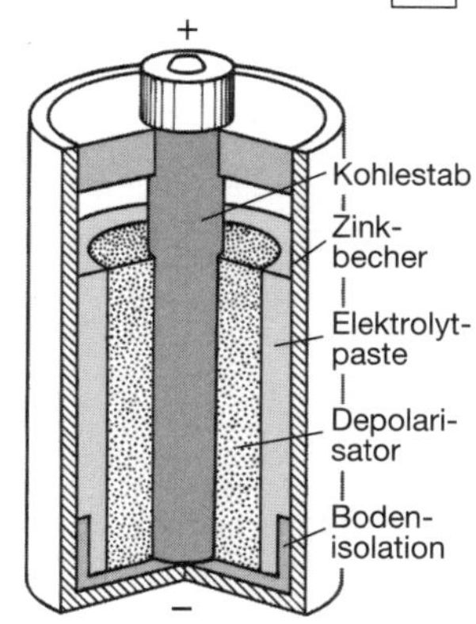	Spannungserzeugung durch Prinzip:	↓ elektrische Energie Stromart:	
2 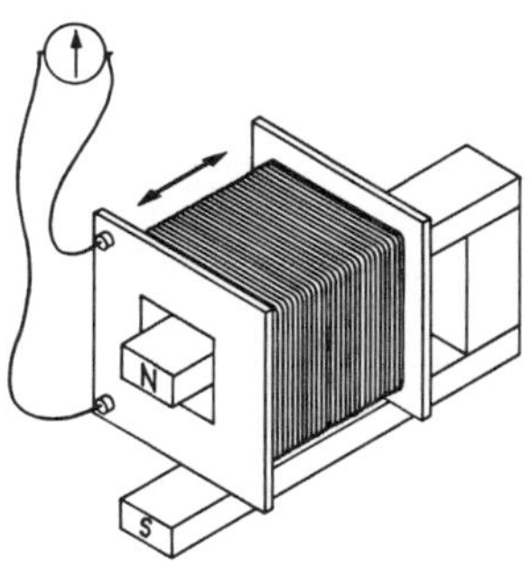	Spannungserzeugung durch Prinzip:	↓ elektrische Energie Stromart:	
3 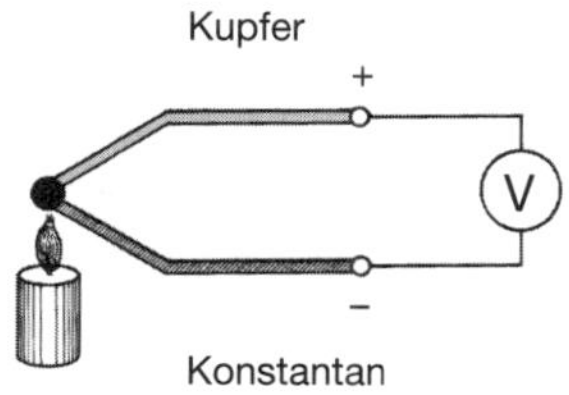	Spannungserzeugung durch Prinzip:	↓ elektrische Energie Stromart:	

	Art der Spannungserzeugung	Energieumwandlung	technische Anwendung
4 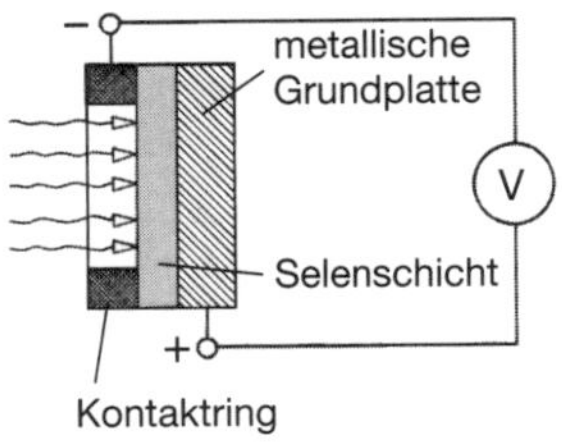	Spannungserzeugung durch ______ Prinzip: ______ ______ ______ ______	______ ⇩ elektrische Energie Stromart: ______	______
5 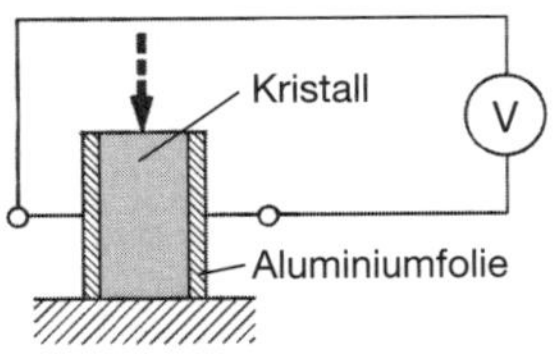	Spannungserzeugung durch ______ Prinzip: ______ ______ ______	______ ______ ⇩ elektrische Energie Stromart: ______	______

E. Verteilung von Elektrizität

1 Die im Elektrizitätswerk erzeugte Spannung ist für den Verbraucher viel zu hoch; sie muss deshalb auf niedrigere Spannungen transformiert (umgespannt) werden.
Notieren Sie über den „Freileitungen“ die Fachbezeichnungen für die jeweiligen Spannungen.

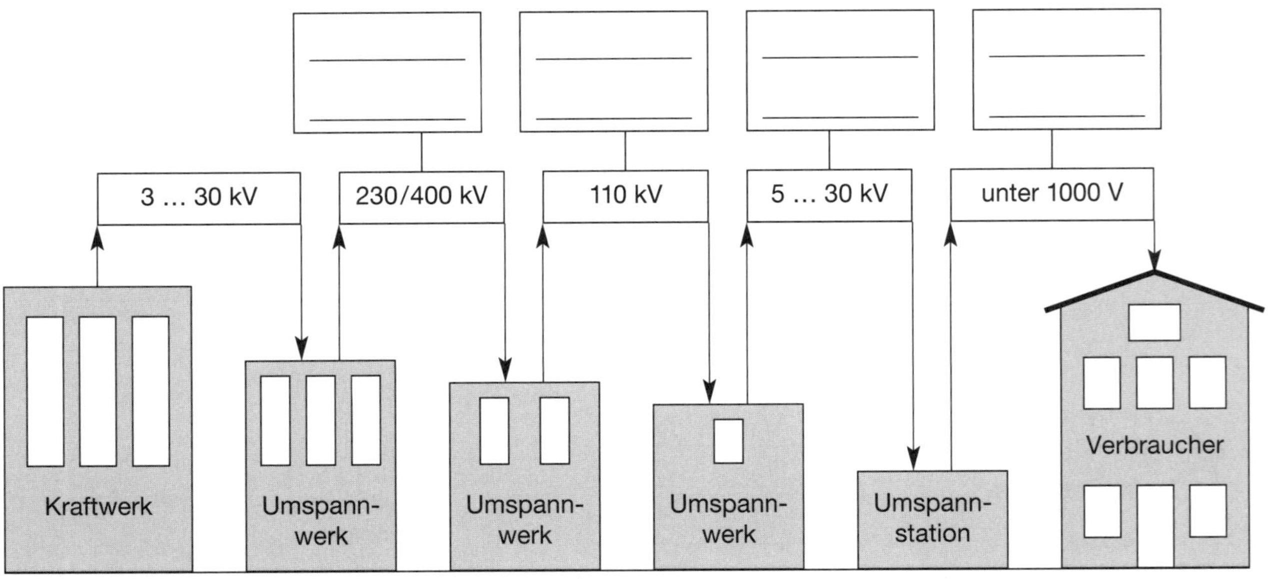

(Die niedrigere Spannung vom Kraftwerk wird wegen des Stromtransports hochtransformiert.)

2 Mit welcher genauen Spannung wird der Strom den Verbrauchern geliefert?

Verbraucherspannung: ______ V oder ______ V

Name:	Klasse:	Datum:

F. Chemische Spannungserzeugung

1 Worauf beruht die chemische Spannungserzeugung (vgl. D)?

Elektrische ____________, wie z. B. Metalle und Kohle, haben ein ____________________-gefälle zueinander (vgl. Spannungsreihe rechts). Wenn zwei unterschiedliche elektrische Leiter wie in der Abbildung unten miteinander verbunden werden, fließt deshalb ein ______________. Man bezeichnet eine solche Anordnung zur Erzeugung einer Spannung als ______________________.

(Vgl. Aufgabe D 1)

Leiter	V
Gold	+ 1,50
Silber	+ 0,80
Kohle	+ 0,74
Kupfer	+ 0,35
Wasserstoff	**0**
Blei	– 0,12
Zinn	– 0,14
Nickel	– 0,23
Kadmium	– 0,40
Eisen	– 0,44
Chrom	– 0,56
Zink	– 0,76
Aluminium	– 1,68
Magnesium	– 2,34

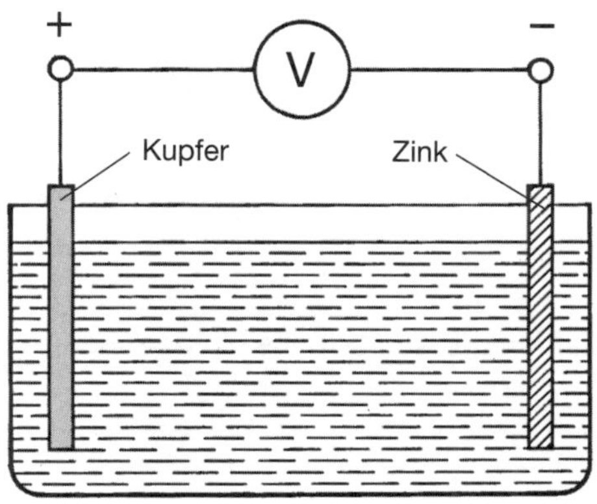

2 Von den beiden Werkstoffen eines galvanischen Elements wird derjenige chemisch aufgelöst oder umgewandelt, der in der Spannungsreihe niedriger liegt (≙ Minuspol). Kennzeichnen Sie in der Skizze den Werkstoff mit X, der diesem Prozeß unterliegt.

3 Wann endet die Spannung und damit der Elektronenfluss?

____

4 Was versteht man unter einer Batterie und welchen Zweck hat sie?

Batterie = ____

Zweck: ____

____

5 Was versteht man unter einem Akkumulator?

Ein Akkumulator ist eine Batterie, bei der die chemische ______________ durch elektrische Ladung (umgekehrter Elektronenfluss!) wieder ______________ gemacht werden kann.

Beispiele für Akkumulatoren: ____

____

G. Stromspeicherung – Beispiel: Autobatterie

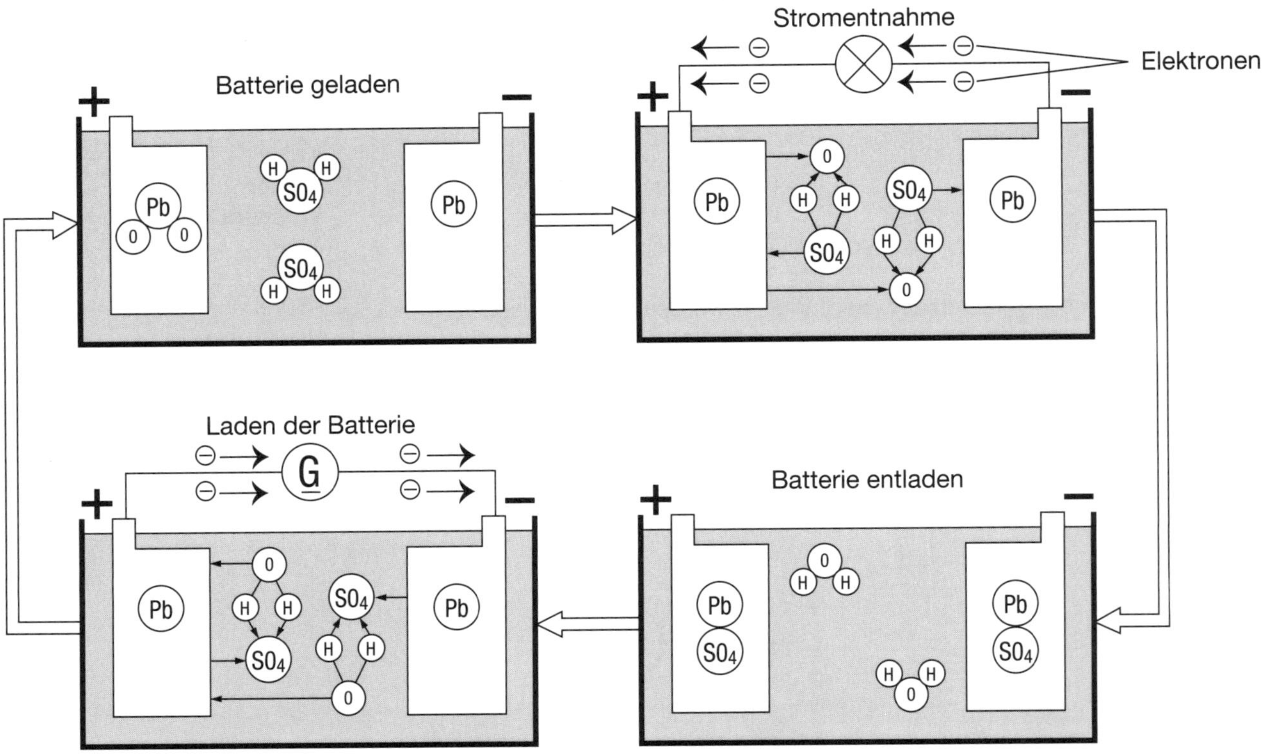

1 Zwischen welchen Werkstoffen besteht in der Autobatterie ein Spannungsgefälle?

Pluspol: ______________________________

Minuspol: ______________________________

2 Welche elektrochemischen Vorgänge laufen beim **Entladen** ab?

a) Die verdünnte Schwefelsäure (__________) , die als Elektrolyt dient, wird ________________ in Wasserstoff (____) und den Säurerest (________) .

b) Das Bleidioxid (________) der **Plusplatte** wird ____________________ in Blei (______) und Sauerstoff (______). Das freigewordene Blei (____) verbindet sich mit dem Säurerest (______) des Elektrolyts zu Bleisulfat (________). Der freigewordene Sauerstoff (____) verbindet sich mit dem Wasserstoff (_____) des Elektrolyts zu Wasser (_________).

c) Das Blei (______) der **Minusplatte** verbindet sich mit dem Säurerest (________) des Elektrolyts zu Bleisulfat (________).

d) Wenn die ______________________ und die ______________________ sich zu ______________________ umgebildet haben, ist die Batterie **entladen.**

Name:	Klasse:	Datum:

H. Reihenschaltung und Parallelschaltung

1 Wie bezeichnet man die skizzierten Schaltungen? Welche Gesetze gelten dabei jeweils?

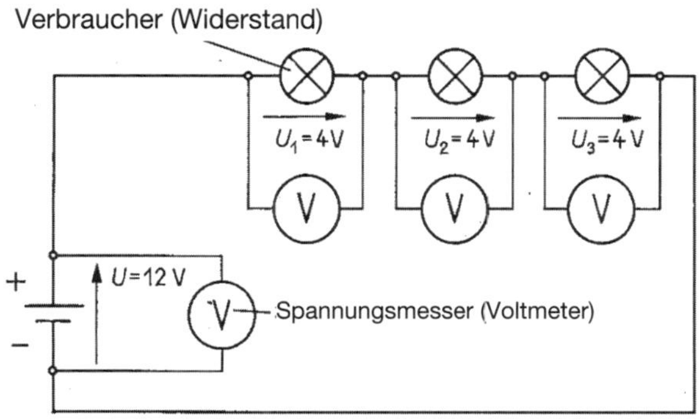

____

____

a) Bei dieser Schaltung ist die

______________ überall **gleich.**

b) Für die Spannung gilt:

$U =$ ______ ______ ______ …

c) Für den Widerstand gilt:

$R =$ ______ ______ ______ …

U ≙ Gesamtspannung
U_1 ≙ 1. Teilspannung; U_2 ≙ …
R ≙ Gesamtwiderstand
R_1 ≙ 1. Einzelwiderstand; R_2 ≙ …

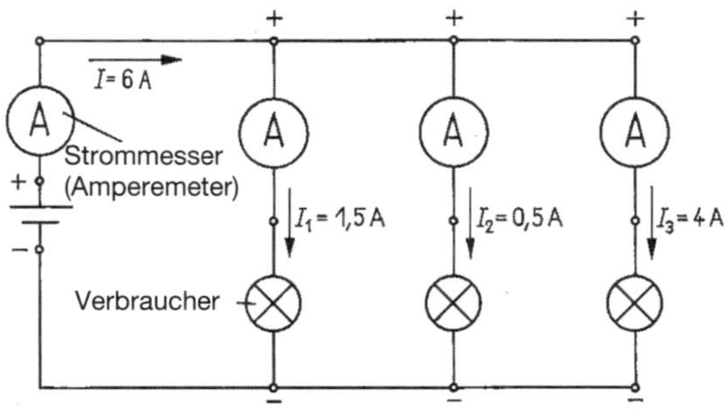

____

____

a) Bei dieser Schaltung ist die

______________ überall **gleich.**

b) Für die Stromstärke gilt:

$I =$ ______ ______ ______ …

c) Für den Widerstand gilt:

$\frac{1}{R} = \frac{1}{\quad} \quad \frac{1}{\quad} \quad \frac{1}{\quad}$ …

I ≙ Gesamtstromstärke
I_1 ≙ 1. Teilstrom; I_2 ≙ …

2 Welche Vorteile hat die Parallelschaltung von Verbrauchern gegenüber der Reihenschaltung?

____

____

____

____

I. Leistung und Arbeit

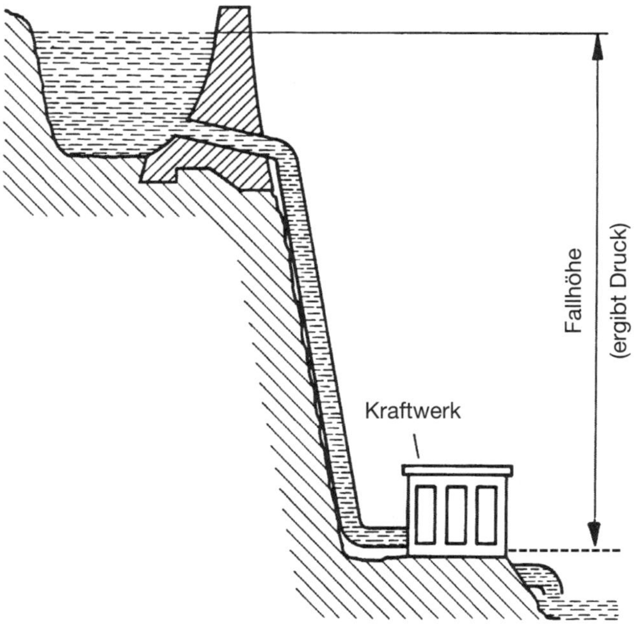

1 Erläutern Sie anhand der Skizze, wovon die Größe der Leistung des Wasserkraftwerkes abhängt.

Je größer die ____________________ (≙ Druck) ist und je mehr ____________________ je Sekunde durch die Turbine fließt, umso größer ist die __________________ der Turbine.

Im Vergleich mit dem elektrischen Stromkreis entspricht die Fallhöhe der ____________________ und die Wassermenge je Sekunde der ____________________.

Für die elektrische Leistung gilt demnach:

Leistung	=	________________ · ________________
P	=	________________ · ________________

Die elektrische Leistung wird gemessen in __________ (_____).

1 W = 1 _____ · 1 _____

2 Misst man die Zeit, in der eine bestimmte elektrische Leistung erbracht wird, so spricht man von elektrischer Arbeit. Für die elektrische Arbeit gilt demnach:

Arbeit	=	________________ · ________________
W	=	_____ · _____

Die elektrische Arbeit wird gemessen in ______________________________ (__________) und in

______________________________ (__________).

1 Ws = 1 _____ · 1 _____

1 Ws wird auch
1 Joule (J) genannt.

1 kWh = 1000 _____ · 3600 _____ = 3 600 000 _______

Name:	Klasse:	Datum:

K. Fehlerquellen an elektrischen Anlagen

1 Ab welcher Größe kann der elektrische Strom für den Menschen lebensgefährlich werden?

Lebensgefahr! Stromstärke **über** ______ A (= ______ mA) **Lebensgefahr!**

Spannung **über** ______ V

2 Durch Mängel (z. B. an der elektrischen Isolierung) kann an einer elektrischen Anlage ein Kurzschluss, Erdschluss oder Körperschluss auftreten.
Ordnen Sie diese Begriffe den folgenden Skizzen zu.

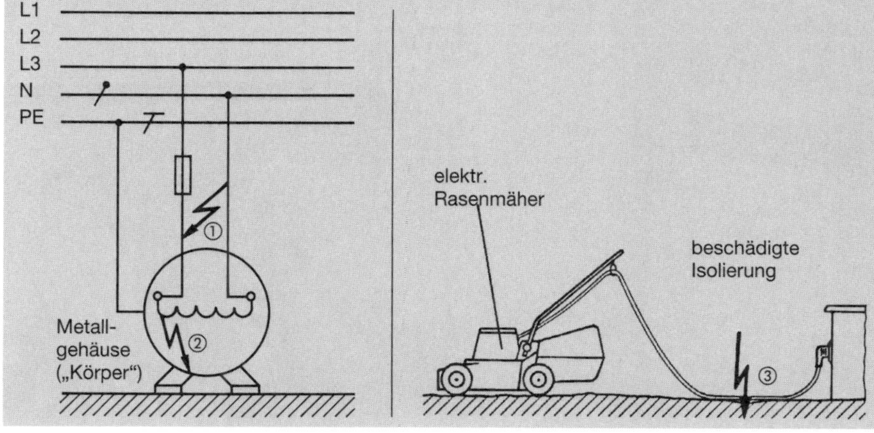

① ______________________

② ______________________

③ ______________________

L. Sicherheitsvorkehrungen

1 Welche Schutzmaßnahmen gegen lebensgefährdende Defekte an elektrischen Anlagen werden häufig angewendet?

a) ______	a) ______	a) ______	a) ______
Prinzip: ______	Prinzip: ______	Prinzip: ______	Prinzip: ______
______	______	______	______
______	______	______	______
______	______	______	______
______	______	______	______
______	______	______	______

2 Die einzelnen Adern elektrischer Leitungen sind durch Farben gekennzeichnet. Was bedeuten die folgenden Farben?

230 V Wechselstrom	grün-gelb	______
	hellblau	______
	schwarz	______
400 V Drehstrom	grün-gelb	______
	hellblau	______
	braun/schwarz/braun	______

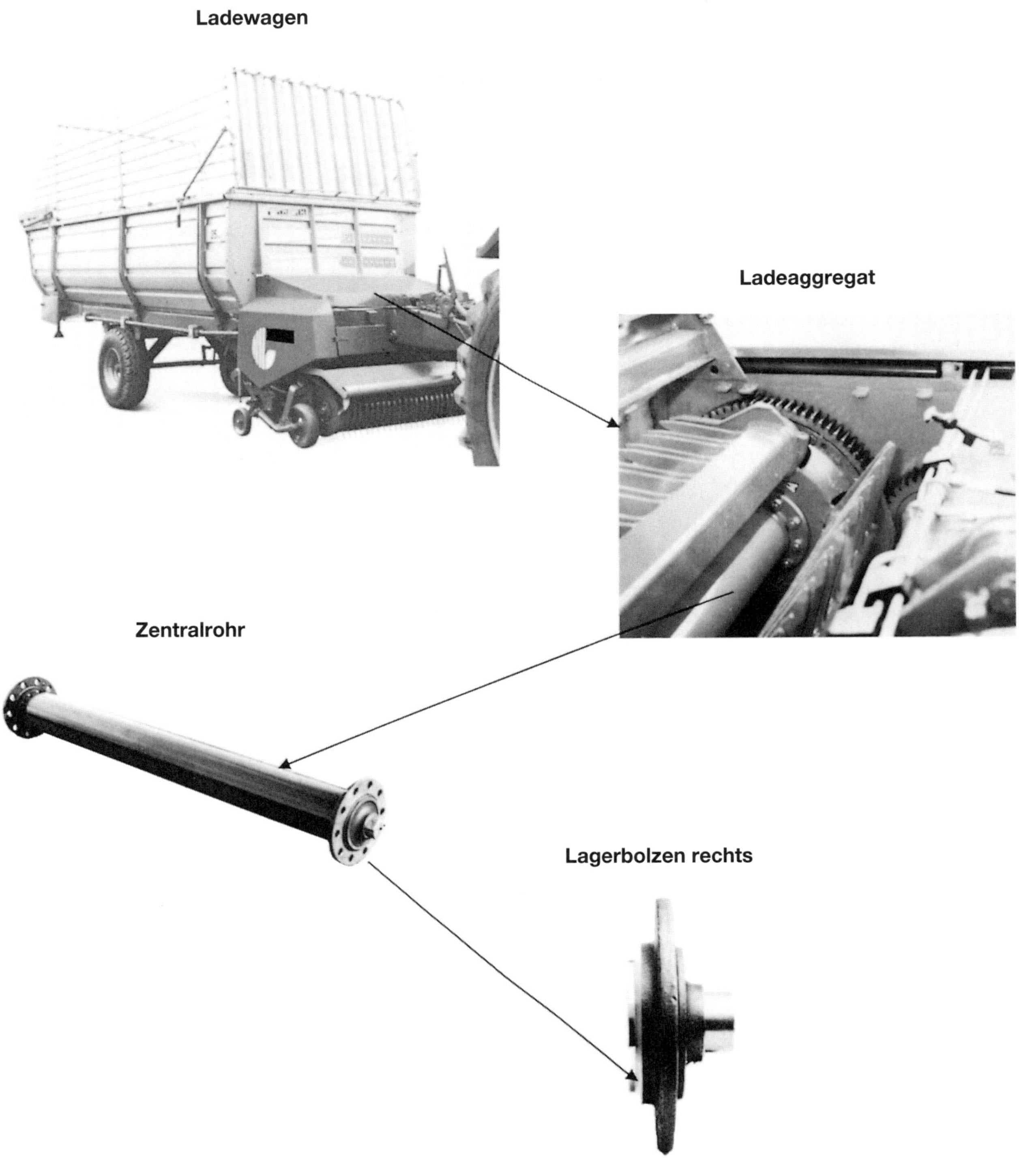

Schätzen Sie, aus wie vielen Einzelteilen der landwirtschaftliche Ladewagen besteht. ____________________

Name:	Klasse:	Datum:

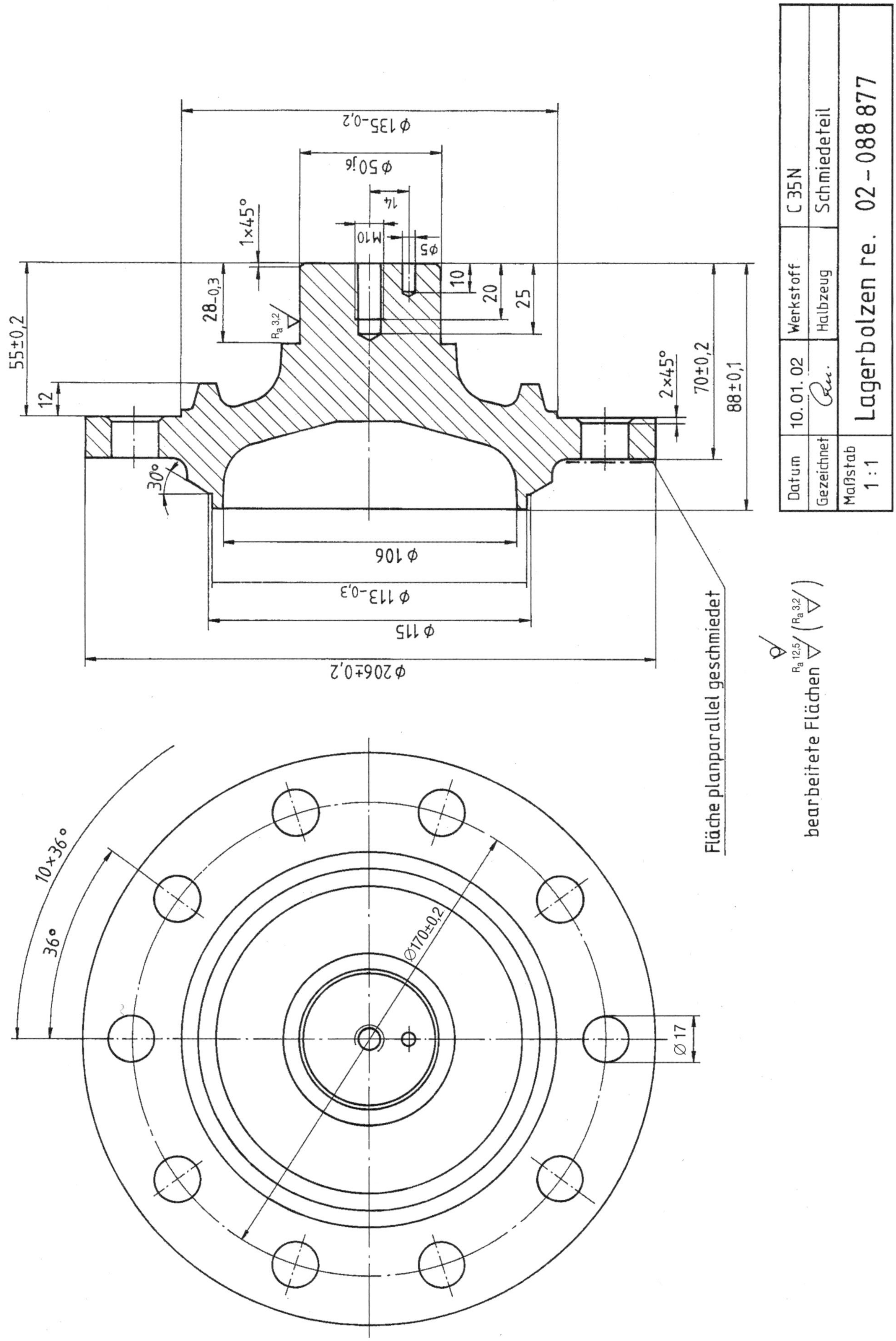

A. Anforderungen bei der Produktfertigung

Um ein Produkt (hier: Lagerbolzen bzw. Ladewagen) herstellen und verkaufen zu können, müssen bestimmte Voraussetzungen erfüllt sein. Diese können wir einteilen in

☞ Anforderungen, die an den **e**inzelnen Menschen gestellt werden, der am Herstellungsprozeß beteiligt ist,

☞ Anforderungen, die das Produkt in **t**echnischer Hinsicht erfüllen soll,

☞ Anforderungen, die das Produkt in **w**irtschaftlicher Hinsicht erfüllen soll,

☞ Anforderungen, die das Produkt in **g**esellschaftlicher Hinsicht erfüllen soll; anders ausgedrückt: Dient das Produkt dem Wohl der Gemeinschaft?

Ordnen Sie die folgenden speziellen Anforderungen unter den angeführten Gesichtspunkten, indem Sie sie mit e, t, w oder g kennzeichnen.

a) ____________ Beherrschung bestimmter Arbeitsverfahren (Drehen, Fräsen u. a.)

b) ____________ geringe Reparaturanfälligkeit

c) ____________ Verkaufspreis, der dem Kunden annehmbar erscheint

d) ____________ leichte Bedienbarkeit

e) ____________ Kenntnis von Normen

f) ____________ moderner Stand

g) ____________ Aussehen bzw. äußerlicher Eindruck

h) ____________ Fähigkeit, mit anderen zusammenzuarbeiten (team-work)

i) ____________ Verkaufspreis, der für den Hersteller eine ausreichende Gewinnspanne enthält

j) ____________ einwandfreies Funktionieren

k) ____________ Fähigkeit, eine Zeichnung oder einen Arbeitsplan lesen zu können

l) ____________ umweltverträglich

m) ____________ Fähigkeit, genau und zügig zu arbeiten

n) ____________ Nützlichkeit (z. B. Arbeitserleichterung, Zeitersparnis)

o) ____________ Aufwendigkeit an Material

p) ____________ einwandfreies Material

q) ____________ exakt gefertigte Einzelteile

Name: | Klasse: | Datum:

B. Lesen eines Arbeitsplanes

Der folgende Arbeitsplan bezieht sich auf den Lagerbolzen von Seite 86 bzw. 87. Es handelt sich dabei um einen im Computer gespeicherten und ausgedruckten Arbeitsplan, wie er in der Herstellerfirma benützt wird.

```
A R B E I T S P L A N

MATERIALBEZEICHNUNG
LAGERBOLZEN RECHTS C35N Ø2-Ø88877

EINSP.-DATUM     SCHREIBER     PLANER
Ø6. Ø5. 98       GRUBER        SCHMIDT

AG      ARBEITSGANG                       WERKZ.VOR.   KOST MAGR  TR TE   Z

ØØ5     DREHEN, PLAN, ANSATZ UND                       24Ø  382Ø6 55 2,7  2
ØØ5     ANSCHRAUBFLAECHE, KERNLOCH
ØØ5     UND GEWINDE
Ø1Ø     DREHEN, SCHRAEGE UND ANSATZ                    24Ø  383Ø1 33 1,15 7
Ø15     BOHREN, 1Ø BOHRUNGEN, 2 TEILE *89-Ø2Ø 557      241  145Ø1 6Ø 1,2  7
Ø15     EINLEGEN SPIN-                *89-Ø2Ø 539
Ø15     DELHALTEPLATTE                *89-Ø2Ø 553
Ø15     BOHRPLATTE
Ø2Ø     ENTGRATEN UND ANSENKEN,       *89-Ø2Ø 489      241  125Ø1 15 Ø,8  2
Ø2Ø     1Ø BOHRUNGEN JE 1 SEITE, 2-HUB
7ØØ     BOHREN, 1 BOHRUNG                              241  123Ø4 5  Ø,5  2
7ØØ     E*
ENDE
```

Leseschlüssel:

EINSP. = Einspeicherungs(-Datum)
AG = Arbeitsgang
WERKZ. VOR = Werkzeugvorrichtung
KOST = Kostenstelle (= Abteilung)
MAGR = Maschinengruppe (= Masch.-Nummer)
TR = Rüstzeit (in min)
TE = Einsatzzeit (= Stückzeit; in min)

Z = Zeitermittlung (= Zeitart)
2 = Planzeit (= aus Tabellen ermittelte Akkordzeit)
7 = Leistungslohn (= gestoppter Akkord)
8 = Zeitlohn (= normaler Stundenlohn)
E* = Ende

4 Fertigungsplanung

1 Stellen Sie anhand des Arbeitsplanes für den Lagerbolzen fest,

a) welche Bedeutung die Sach-Nummer 02-088877 hat.

b) aus welchem Material der Lagerbolzen gefertigt wird.

c) wie viele Arbeitsgänge der Arbeitsplan vorsieht und wie die einzelnen Arbeitsgänge nummeriert sind.

d) unter welchen Nummern Sie bestimmte Werkzeugvorrichtungen (Arbeitsmittel) in der Werkzeugausgabe des Betriebes abholen.

e) in welchen betrieblichen Abteilungen die einzelnen Arbeitsgänge erfolgen.

f) an welchen Maschinen gearbeitet wird.

g) wie lange die Rüstzeit (Aufspannzeit) beim 3. Arbeitsgang bemessen ist.

h) wie lange die Einsatzzeit (Bearbeitungszeit) im 3. Arbeitsgang bemessen ist.

i) welche Lohnart dem 3. Arbeitsgang zugrunde liegt.

2 Welche einzelnen Arbeitsverfahren sieht der Arbeitsplan vor?

Name:	Klasse:	Datum:

C. Aufstellen eines Arbeitsplanes

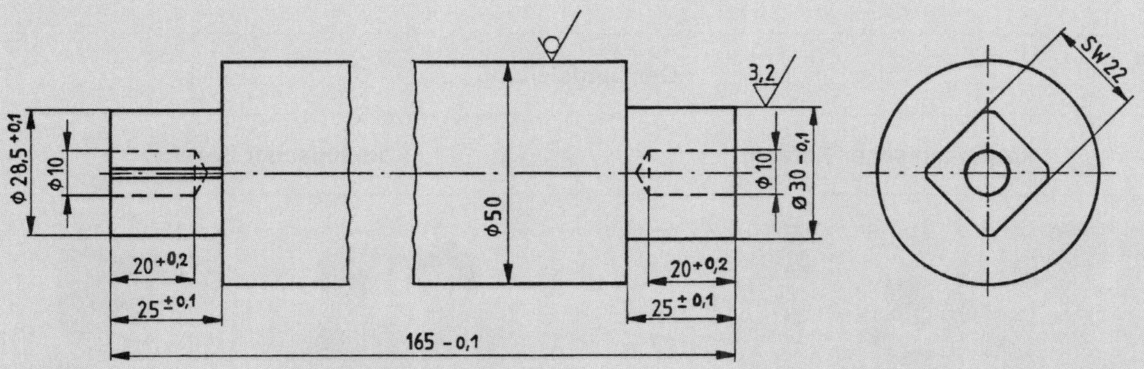

1 Stellen Sie einen Arbeitsplan für das gezeichnete Werkstück auf.
Bedienen Sie sich dabei der folgenden Einteilung.

Arbeitsgang Nr.	Beschreibung des Arbeitsgangs	Werkzeuge bzw. Werkzeugvorrichtungen	Rüstzeit t_r	Einsatzzeit t_e

2 Überprüfen Sie Ihren Arbeitsplan, indem Sie das Werkstück im Praktischen Unterricht oder im Betrieb herstellen.

A. Informationsfluss im Betrieb

1 Der geschäftliche Erfolg eines größeren Unternehmens hängt u. a. davon ab, wie die einzelnen Abteilungen ineinander greifen und zusammenarbeiten.
Welche Abteilungen hat gewöhnlich ein größeres metalltechnisches Unternehmen?

Geschäftsleitung

kaufmännischer Bereich	**technischer Bereich**

a) ______ zuständig für Materialbeschaffung, Maschinen, Werkzeuge	a) ______ zuständig für Leitung und Kontrolle des technischen Bereiches
b) ______ zuständig für Aufträge, Werbung, Kundenbetreuung	b) ______ zuständig für Entwicklung und Konstruktion von Produkten
c) ______ ______ zuständig für Lagerung fertiger Produkte	c) ______ ______ zuständig für Planung des Fertigungsprozesses
d) ______ ______ zuständig für Verpackung, Beförderung, Auslieferung	d) ______ ______ zuständig für Herstellung des Produkts, Qualitätskontrolle
e) ______ zuständig für Lohnermittlung, Lohnauszahlung	

5 Technische Kommunikation

Name:	Klasse:	Datum:

2 Ein Kunde bestellt bei einem größeren Metall verarbeitenden Betrieb eine Biegevorrichtung. Mit dieser sollen kleine Kupferblechstreifen (Größe 0,5 x 5,5 x 37) in einem Winkel von 120° gebogen werden.

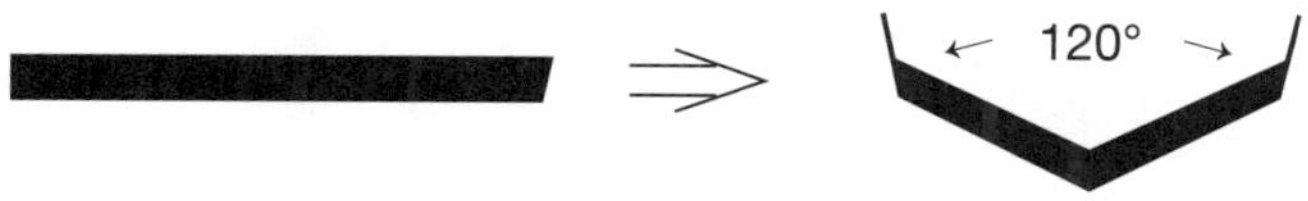

Stellen Sie dar, in welcher Reihenfolge die unmittelbar mit dem Auftrag befassten Abteilungen tätig werden.

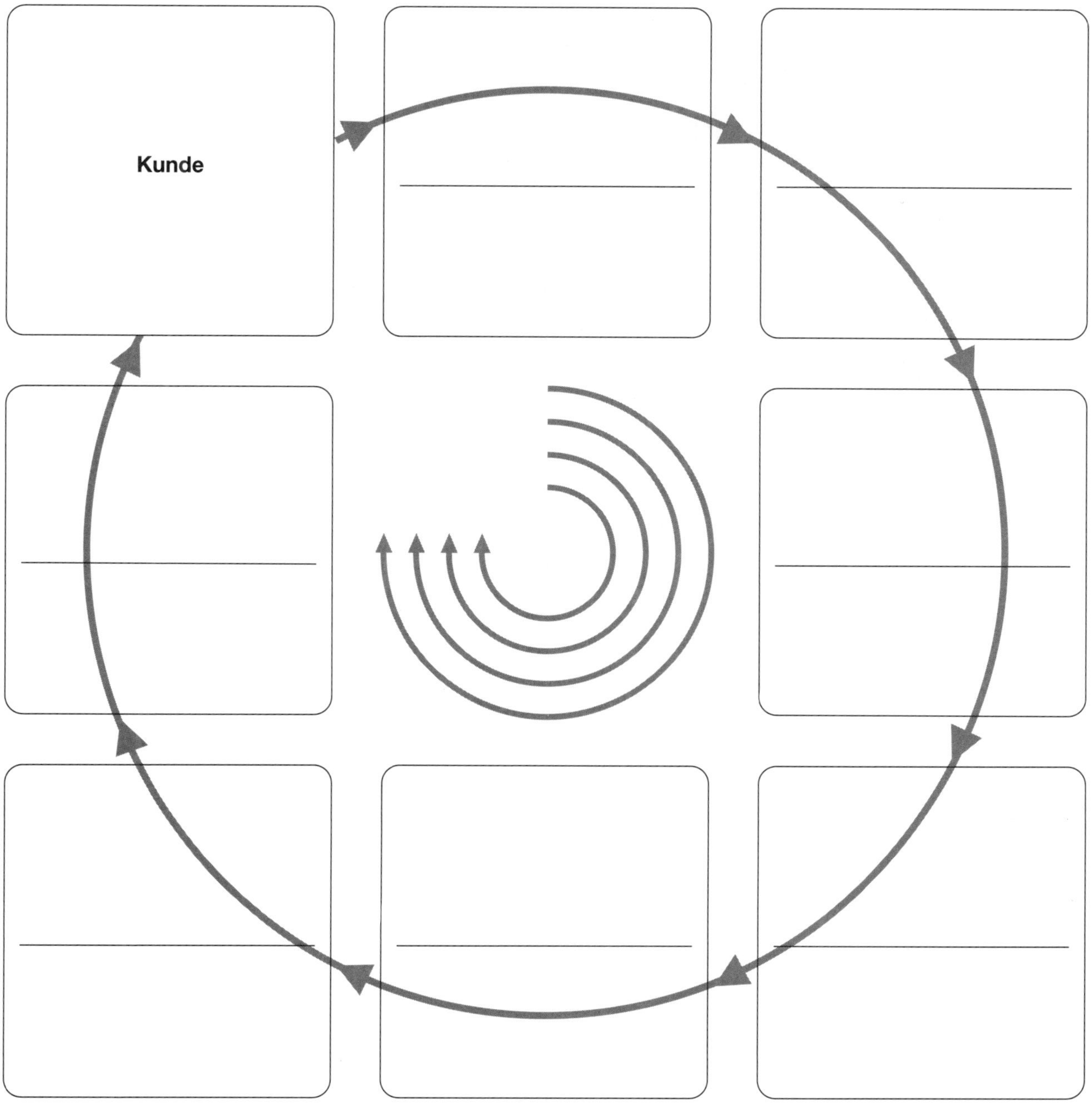

B. Informationsmittel in metalltechnischen Betrieben

Beispiel:
Fertigung einer
Biegevorrichtung

Für die Verständigung der einzelnen technischen Abteilungen untereinander und der Mitarbeiter innerhalb einer Abteilung gibt es bestimmte Informationsmittel (Verständigungsmittel). Einige davon sind schon lange Zeit in Gebrauch, andere sind erst in jüngster Zeit entwickelt worden.

Im Folgenden werden einige Beispiele für solche Informationsmittel vorgestellt.

a) Wie bezeichnet man das jeweilige Informationsmittel?
b) Von wem (woher) stammt es und an wen (wohin) ist es gerichtet?

Name:	Klasse:	Datum:

1

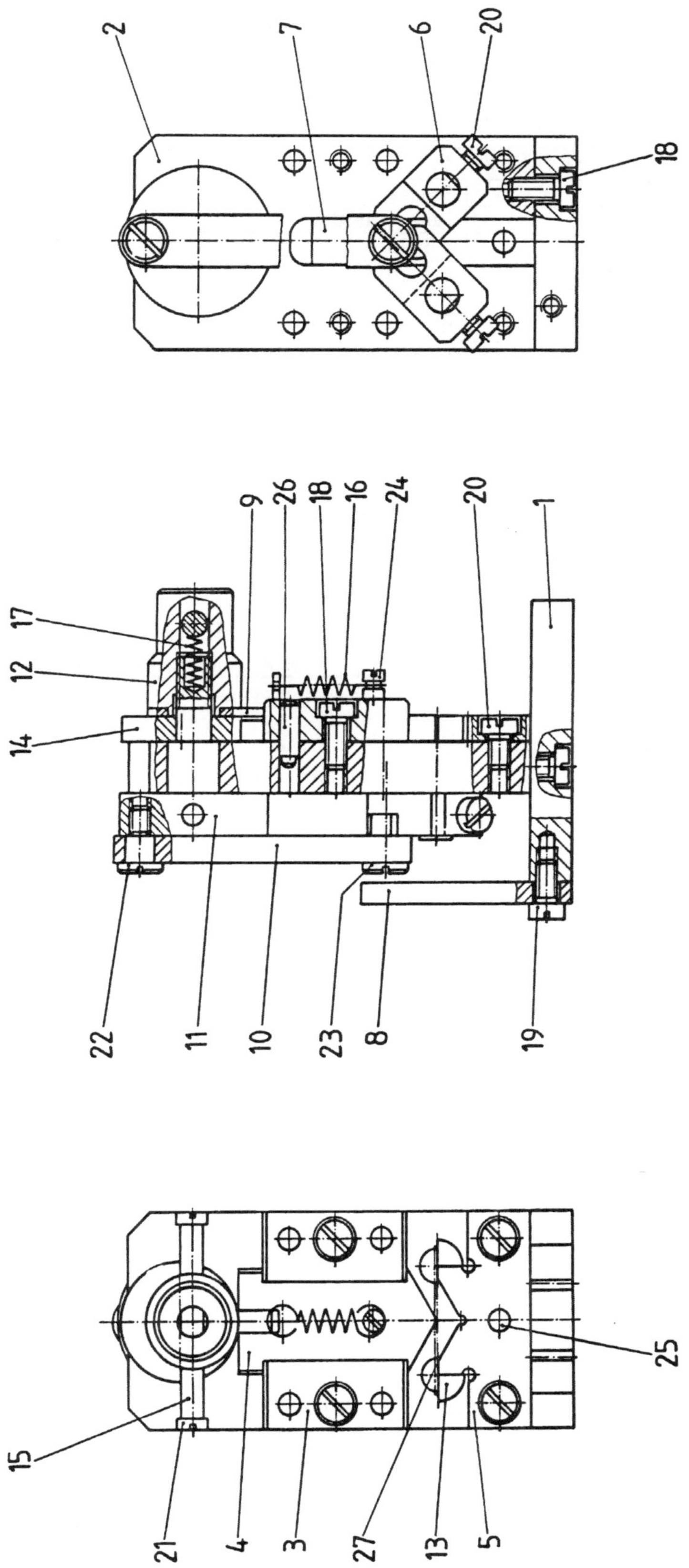

a)

b)

2

1	Platine		Cu	27	Bl 0,5 x 5,5 x 37 DIN 1751 (Werkstück)
4	Zylinderstift 5 m6 x 16	DIN EN ISO 2338	St	26	
1	Zylinderstift 5 m6 x 12	DIN EN ISO 2338	St	25	
1	Zylinderschraube M 5 x 16	DIN EN ISO 1207	5.8	24	nachgearbeitet
1	Flachkopfschraube M 5 x 16	DIN EN ISO 1580	5.8	23	
1	Flachkopfschraube M 5 x 6	DIN EN ISO 1580	5.8	22	
2	Zylinderschraube M 4 x 6	DIN EN ISO 1207	5.8	21	
4	Zylinderschraube M 5 x 8	DIN EN ISO 1207	5.8	20	
2	Zylinderschraube M 5 x 10	DIN EN ISO 1207	5.8	19	
4	Zylinderschraube M 5 x 12	DIN EN ISO 1207	5.8	18	
1	Druckfeder		Federstahldr.	17	Dr 0,5 x 300 DIN 2076
1	Zugfeder		Federstahldr.	16	Dr 0,6 x 500 DIN 2076
1	Knebel		9 S 20 K	15	Rd 6 x 45 DIN 668
1	Exzenter		9 S 20 K	14	Rd 28 x 6 DIN 668
2	Biegewelle		9 S 20 K	13	Rd 12 x 50 DIN 668
1	Antriebsmutter		9 S 20 K	12	Rd 22 x 31 DIN 668
1	Exzenterwelle		9 S 20 K	11	Rd 35 x 43 DIN 668
1	Verbindungsstange		S 235 JRG 1	10	Fl 12 x 6 x 71 DIN 174
1	Federbügel		Fe 360 B	9	Bl 2 x 23 x 41 DIN EN 10029
1	Abdeckung		PMMA	8	Tfl 5 x 50 x 50 DIN 16957
1	Mittenführung		S 235 JRG1	7	Fl 12 x 6 x 27 DIN 174
2	Hebel		S 235 JRG1	6	Fl 16 x 10 x 29 DIN 174
1	Prismenstück		S 235 JRG1	5	Fl 22 x 6 x 50 DIN 174
1	Schieber		S 235 JRG1	4	Fl 25 x 6 x 48 DIN 174
2	Führungsleiste		S 235 JRG1	3	Fl 16 x 10 x 34 DIN 174
1	Ständer		S 235 JRG1	2	Fl 50 x 12 x 95 DIN 174
1	Grundplatte		S 235 JRG1	1	Fl 50 x 10 x 66 DIN 174
Stück	Benennung	Normblatt	Werkstoff	Pos-Nr.	Halbzeug (nach Materialbereitstellungsliste)

a) ______________________________

b) ______________________________

____

Mit welchem anderen Informationsmittel ist das abgebildete Informationsmittel immer verbunden?

____

Name: Klasse: Datum:

3

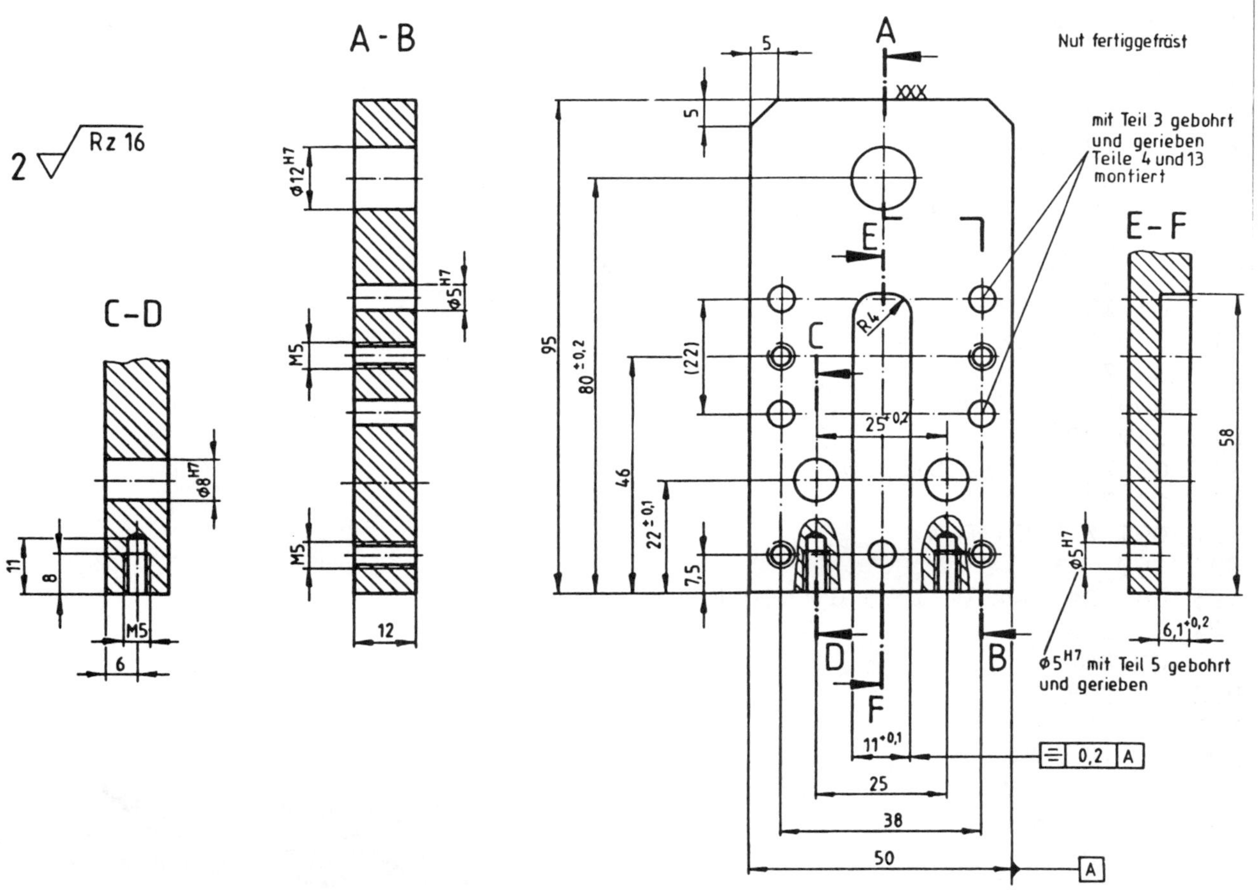

a) ______________________________

b) ______________________________

____

4

```
N 1  GØ XØ YØ Z1ØØ
N 2  G17 T1
N 3  GØ X-1Ø Y-4Ø Z2 S+16ØØ
N 4  G1 Z-14 F12Ø
N 5  G41 G45 A2 XØ Y-25 G1 G6Ø M61
N 6  G1 Y25
N 7  G4Ø G45 A2
N 8  GØ Z2
N 9  GØ X95 Y4Ø
N1Ø  G1 Z-14
N11  G41 G45 A2 X9Ø Y25 G6Ø M61
N12  G1 X95 Y2Ø
N13  G1 Y-2Ø
N14  G1 X9Ø Y-25
N15  G4Ø G45 A2
N16  GØ Z2
N17  GØ XØ YØ Z1ØØ
N18  G17 T2
N19  GØ X-6 Y2 Z2 S+2ØØØ
N20  G1 ZØ
N21  G91 Z-2.Ø5 F8Ø
N22  G9Ø
N23  G42 G45 A4 XØ Y5.5 G1 G6Ø M61
N24  G1 X58
N25  G7 R4
N26  G1 Y-5.5
N27  G7 R4
N28  G1 XØ
N29  G4Ø G45 A4
N3Ø  L2 N21 N29
N31  GØ Z2
N32  GØ XØ YØ Z1ØØ
N33  G17 T3
N34  N*1 GØ X7.5 Y19 Z2
N35  N*1 GØ X22 Y12.5
N36  N*1 GØ X35 Y19
N37  N*1 GØ X46
N38  N*1 GØ X57
N39  N*1 GØ X8Ø YØ
N40  N*1 GØ X57 Y-19
N41  N*1 GØ X46
N42  N*1 GØ X35
N43  N*1 GØ X22 Y-12.5
N44  N*1 GØ X7.5 Y-19
N45  N*2 GØ YØ
N46  GØ XØ YØ Z1ØØ M3Ø

N*1  G81 F2ØØ S+2ØØØ Z-4
N*2  G81 F2ØØ S+2ØØØ Z-4 Z6.1
```

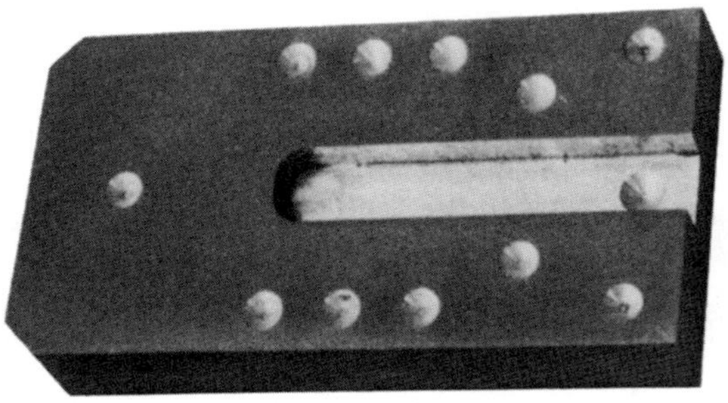

Teil 2
unvollständig; Bohrungen nur zentriert

a) ______________________________ für Teil 2 (wie Photo)

b) ______________________________

____

Name:	Klasse:	Datum:

5 a) **Arbeitsplan** (siehe Seite 89)

b) ______________________________

c) Welches besondere technische Hilfsmittel wurde in diesem Falle zur Speicherung und Weitergabe des Arbeitsplans benutzt?

____

6

a) ______________________________

b) ______________________________

____

A. Unterschied Steuern – Regeln

1 Stellen Sie die Wirkungswege der Heizungsanlagen a und b fest, indem Sie die entsprechenden Bauteile aus den Zeichnungen in die darunter stehenden Blockschaltbilder übertragen.

a

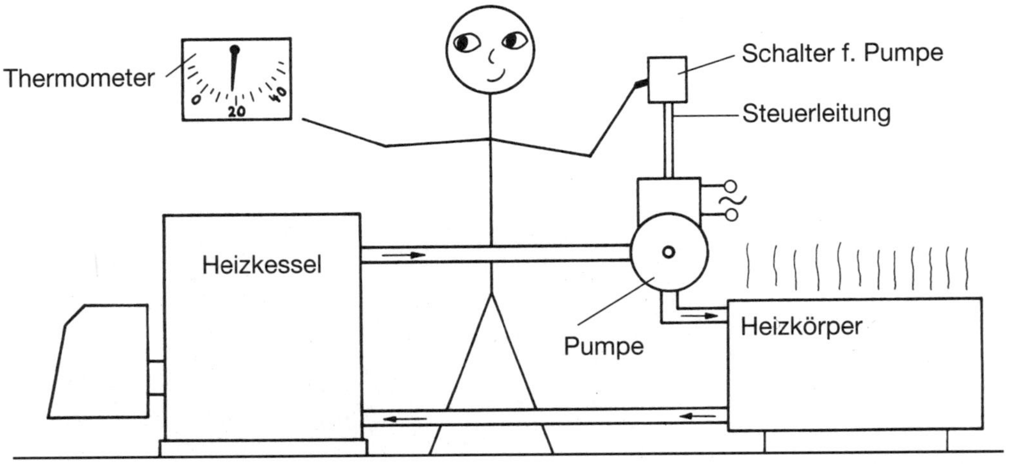

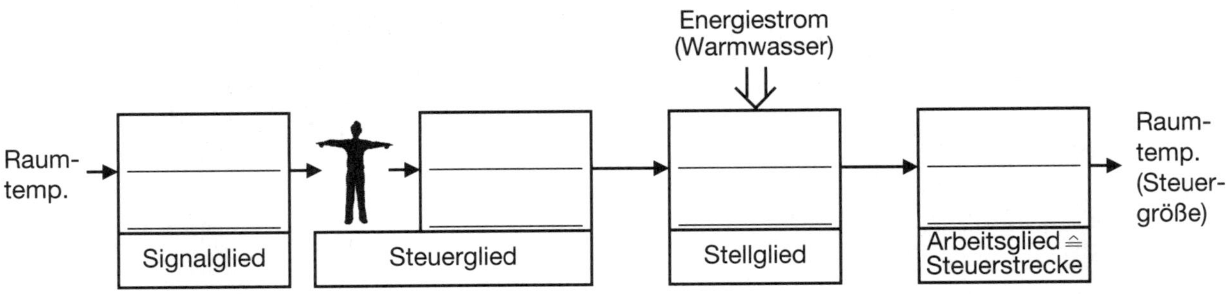

b

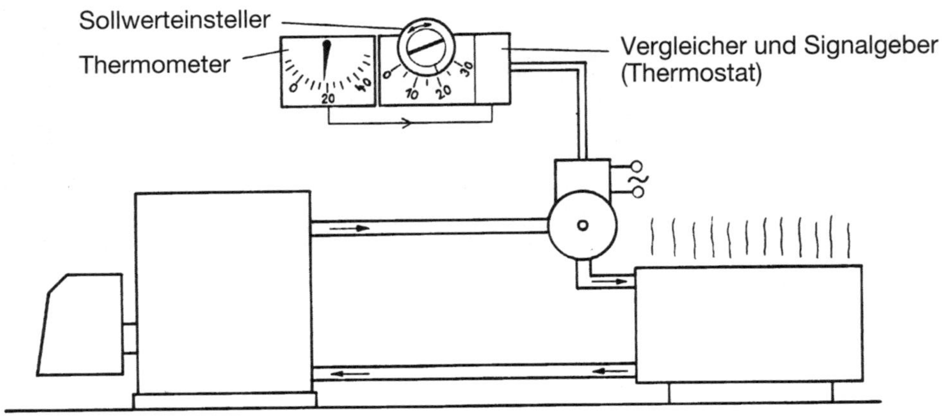

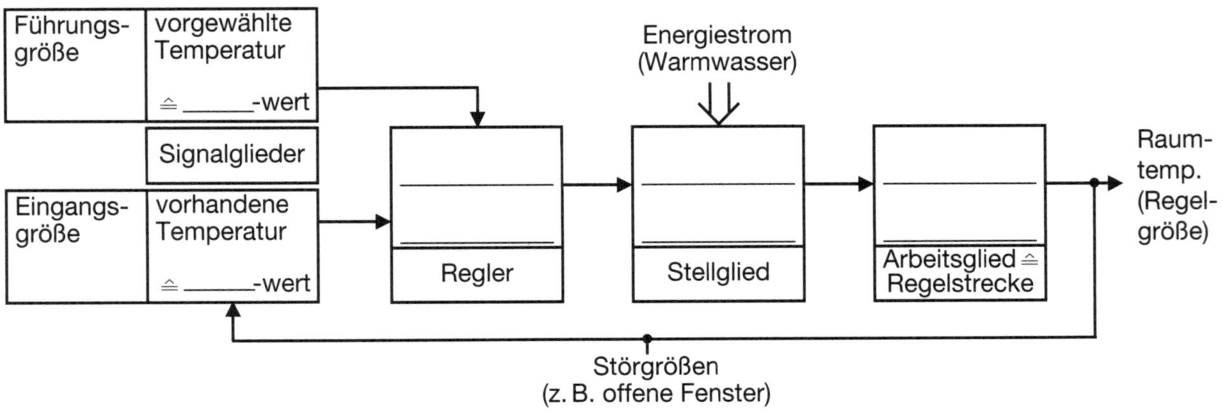

2 Wie bezeichnet man die beiden Arten der „Lenkung" eines technischen Systems?

Heizungsanlage **a**

____

Heizungsanlage **b**

____

3 Worin besteht der grundsätzliche Unterschied dieser beiden Arten der „Lenkung"?

Beim ______________ ist der **Wirkungsablauf** ______________ (linear).

Der gesamte Wirkungsablauf wird deshalb als ______________________ bezeichnet.

Beim ______________ ist der **Wirkungsablauf** ______________ (kreisförmig).

Der gesamte Wirkungsablauf wird deshalb als ______________________ bezeichnet.

4 Welchen Vorteil hat die geregelte Heizungsanlage?

a) Nach der ______________ gewisser Größen (hier: Einstellung am Thermostat) __________ sich diese Einrichtung ______________ .

b) Diese Einrichtung ______________ auch den Einfluß von sogenannten ______________________ (hier z. B. offene Türen, Sonneneinstrahlung).

B. Wichtige Begriffe des Steuerns und Regelns

1 Die einzelnen Glieder einer gesteuerten bzw. geregelten Anlage werden nach ihrer Aufgabe (Funktion) bezeichnet. Ergänzen Sie die Übersicht.

Außen-temp. →

______ -glied	______ -glied	______ -glied	______ -glied
Aufgabe: Erfassen von Messwerten (Informationsgebung)	Aufgabe: Verknüpfung und Speicherung von Informationen	Aufgabe: Steuerung des Energie- und Massestroms (z.B. Wärme, Druckluft)	Aufgabe: Ausführung der Arbeit (z.B. Aufheizen, Kolbenbewegung im Pneumatikzylinder)
Beispiele:	Beispiele:	Beispiele:	Beispiele:
______	______	______	______
______	______	______	______
______	______	______	______
______	______	______	______

→ Raum-temp.

A. Begriff der Pneumatik

Was versteht man unter Pneumatik?

Unter Pneumatik versteht man den ______________________ und die ______________________ von Maschinen

mittels ______________________.

B. Pneumatische Anlage

1 a) Skizzieren Sie bei II die Stellung des Wegeventils und des Arbeitszylinders, wenn die Anlage durch das Fußpedal betätigt wird, und tragen Sie mit Pfeilen den Zufluss der Druckluft ein.
b) Zeichnen Sie bei I mit Pfeilen den Abfluss der Druckluft ein, wenn der Fuß vom Fußpedal des Wegeventils genommen wird.

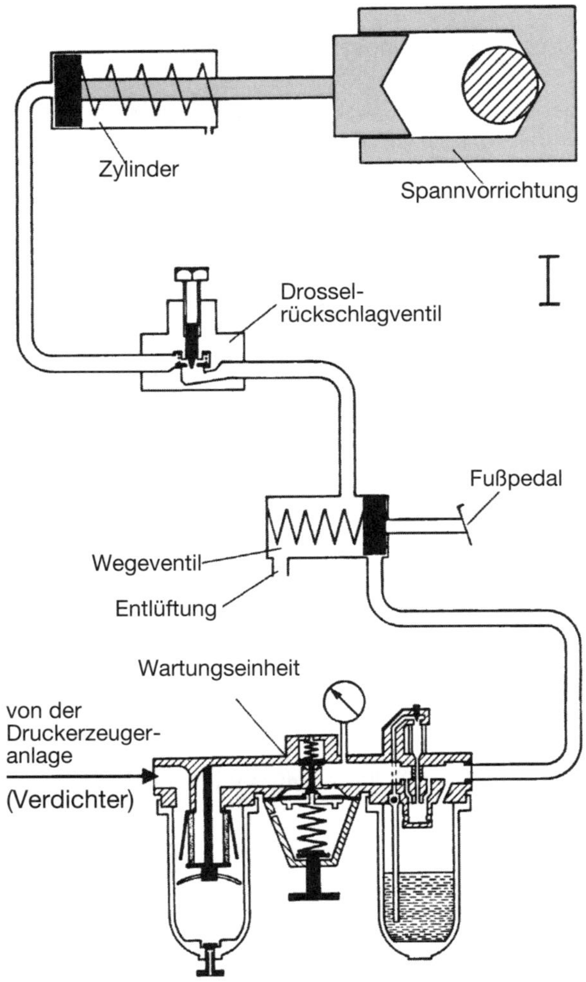

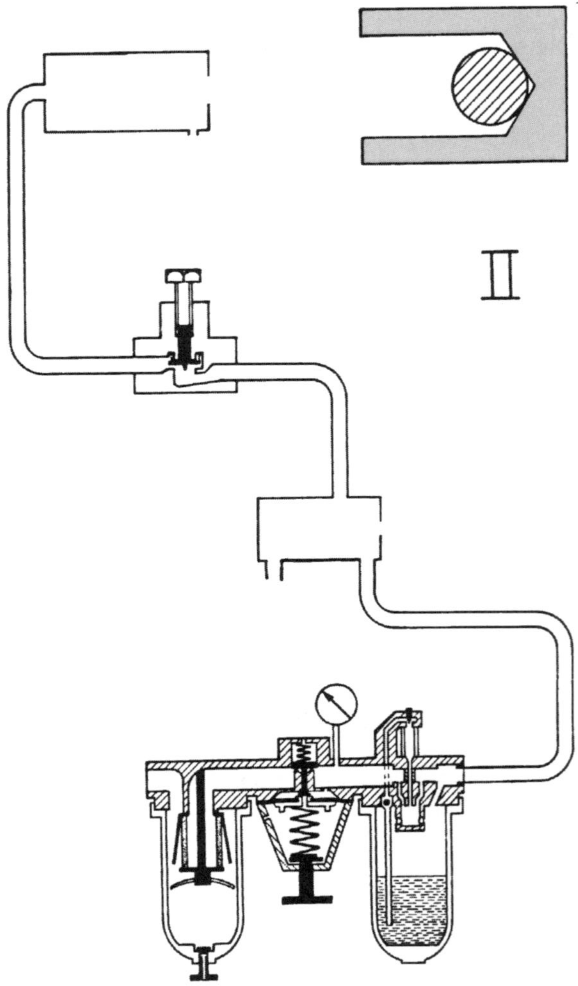

2 Welchen Zweck hat bei der gezeichneten Druckluftanlage das Drosselrückschlagventil?

Beim **Zurückfahren** des Kolbens („Entlüften") kann die ______________________ nur ______________________

abströmen; dadurch wird ______________________, dass der ______________________ hart an der

Zylinderrückwand ______________________.

Beim **Vorwärtsfahren** des Zylinderkolbens (Arbeitsgang) kann die ______________________ dagegen

______________________ zuströmen.

Name:	Klasse:	Datum:

C. Verdichter

1 Wie bezeichnet man die abgebildeten Luftverdichter?

2 Tragen Sie mit Pfeilen den Verlauf des Luftstromes ein und kennzeichnen Sie die Saugseite und die Druckseite an den Verdichteranschlüssen mit S bzw. D.

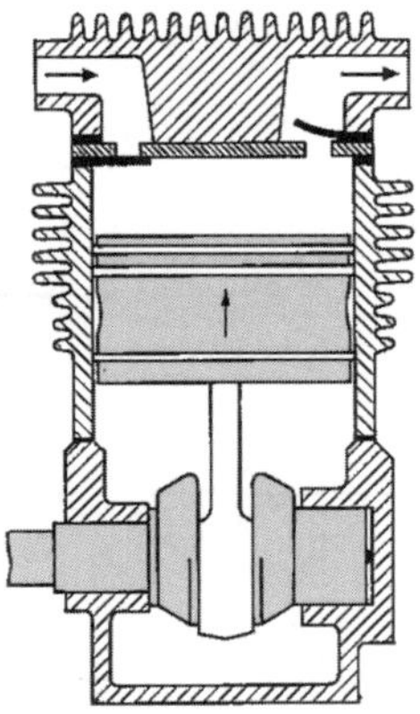

____

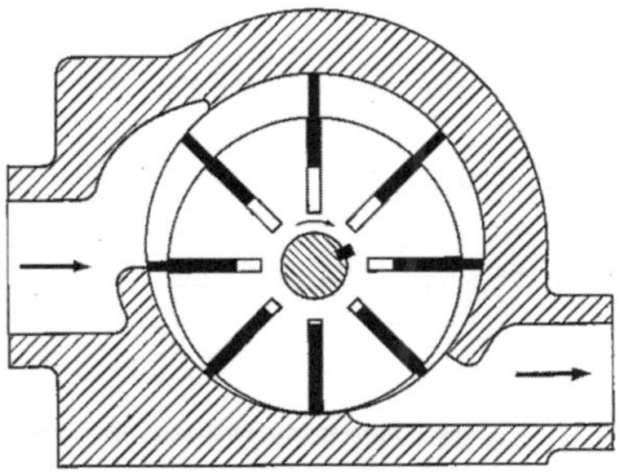

____

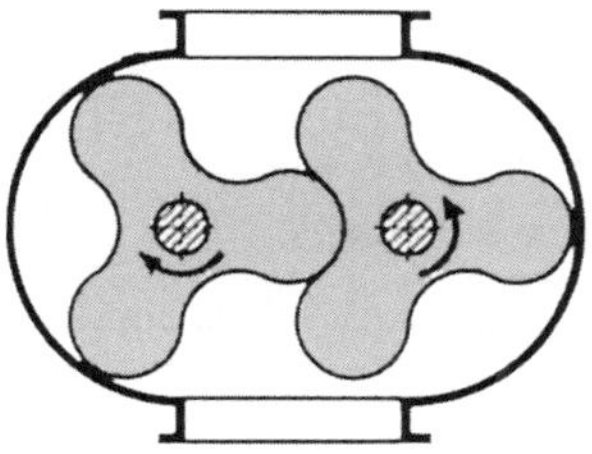

____

____

3 In welchen Maßeinheiten wird die Leistungsfähigkeit von Verdichtern angegeben?

Liefermenge	**Druckverhältnis**
________ oder ________	$\frac{\text{\_\_\_\_\_-druck} \quad p_{abs\,1}}{\text{\_\_\_\_\_-druck} \quad p_{abs\,2}}$

D. Zylinder und Motoren (Arbeitsglieder)

1 Welche Aufgabe haben Zylinder und Motoren, die als Arbeitsglieder (Antriebsglieder) eingesetzt werden, in pneumatischen Anlagen? (Vgl. die Anlage S. 102)

________________ **Umwandlung in** ________________

2 a) Wie bezeichnet man die abgebildeten Zylinder?
b) Wodurch erfolgen die Bewegungen des Kolbens?
c) Ergänzen Sie neben der Abbildung das entsprechende Sinnbild, wie es in der Darstellung von pneumatischen Anlagen verwendet wird (Tabellenbuch!).

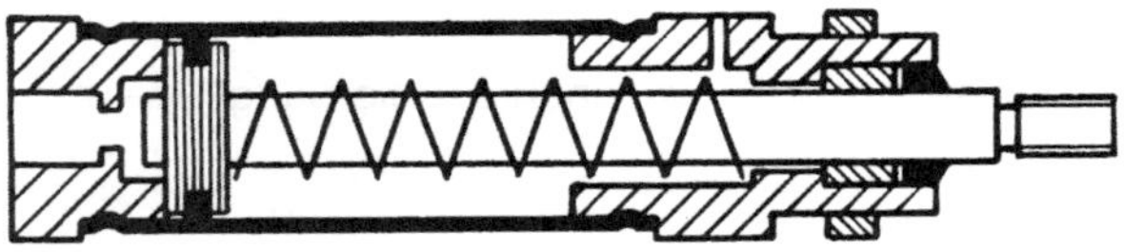

a) ______________________________

____

b) Nach-rechts-Bewegung durch ______________________

Nach-links-Bewegung durch ______________________

c) 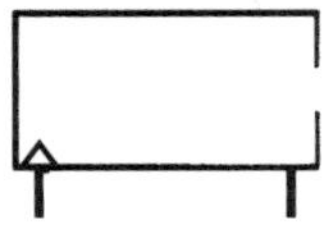

oder

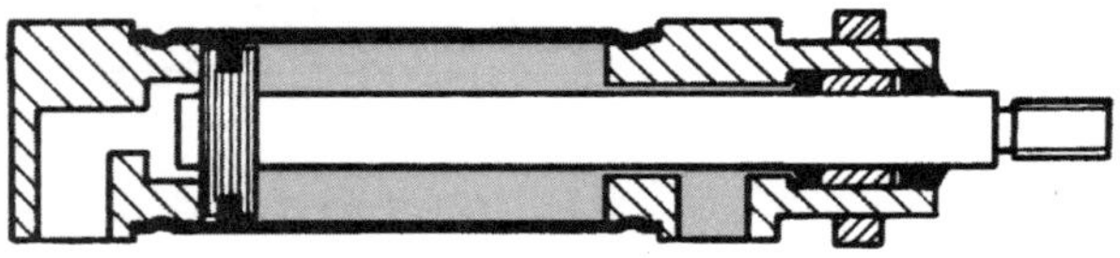

a) ______________________________

____

b) Nach-rechts-Bewegung durch ______________________

Nach-links-Bewegung durch ______________________

c) 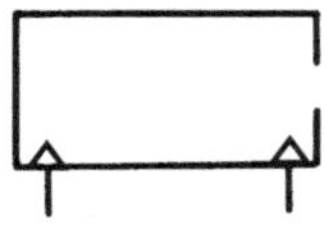

oder

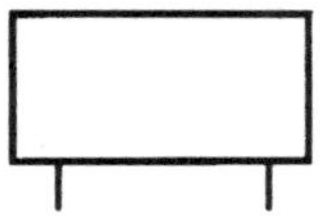

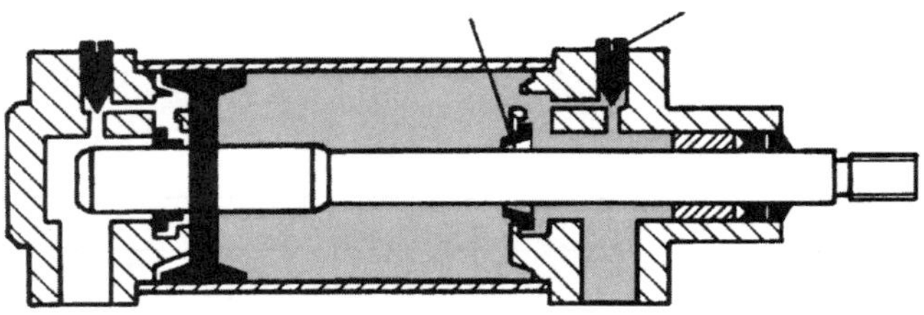

a) ______________________________

____

b) Welchen Vorteil hat dieser Zylinder?

Die Bauweise dieses Zylinders bewirkt, dass der ______________ der Druckluft vor dem ______________ einer Kolbenbewegung ______________ wird. Dadurch wird auch die Bewegung des ______________ abgebremst, sodass dieser ______________ in seine Endlage einfährt.

c) 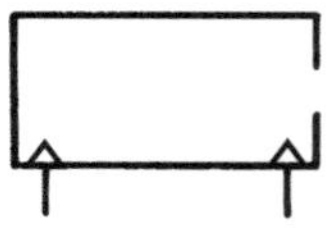

Was bedeutet der Pfeil im Bildzeichen?

____

____

____

____

____

____

____

Name: ____ Klasse: ____ Datum: ____

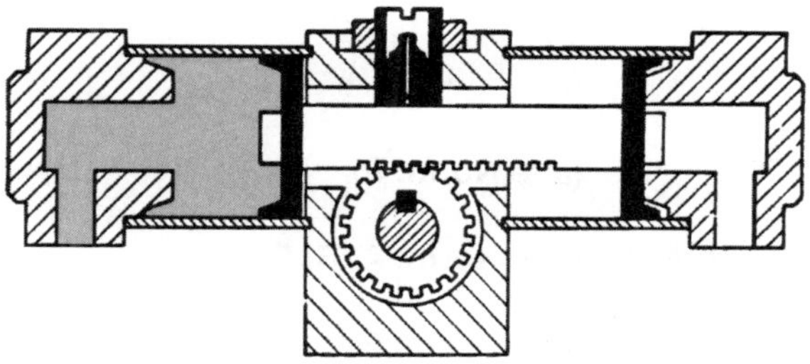

a) ____________________

Welche besondere Aufgabe hat dieser Zylinder?

____

____

c)

3 a) Wie bezeichnet man die abgebildeten Druckluftmotoren?
b) Skizzieren Sie den Weg der Druckluft mit Pfeilen.
c) Ergänzen Sie das zugehörige Sinnbild.

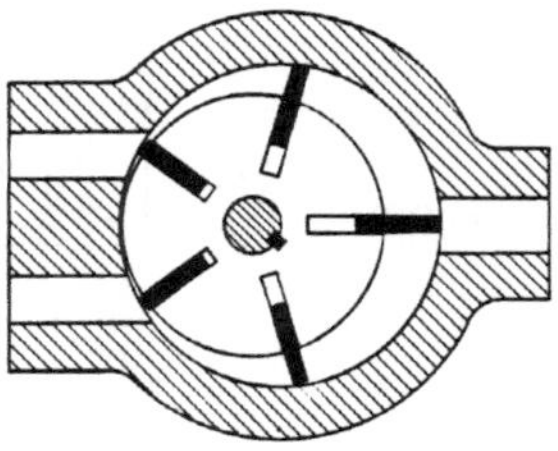

a) ____________________

c)

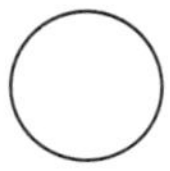

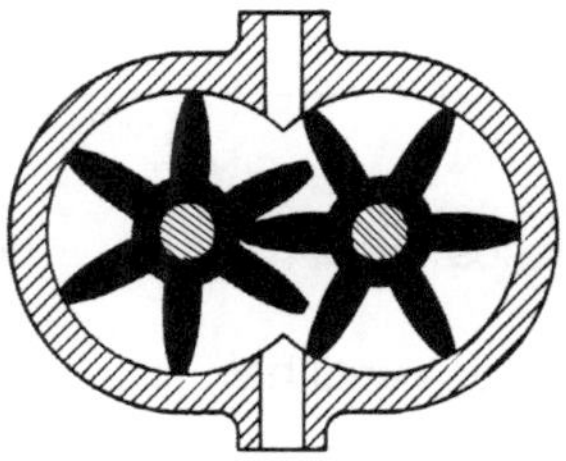

a) ____________________

c)

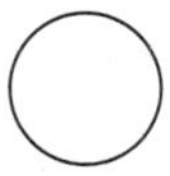

E. Ventile (Steuer- und Stellglieder)

Wie bezeichnet man Ventile, die in einer pneumatischen Anlage die folgenden Aufgaben erfüllen?

Sie steuern Beginn, Ende und Richtung der Druckluftströmung.	Sie steuern die Menge der durchströmenden Druckluft.	Sie sperren die Druckluftströmung in einer Richtung.	Sie regeln den Druck in der pneumatischen Anlage.
____	____	____	____

F. Wegeventile

Die **Anschlüsse** bei Wegeventilen werden mit Ziffern bezeichnet.

Dabei bedeuten:

Druckanschluss (Zufluss):	**1**	**(alte Norm: P)**
Arbeitsleitung(en):	**2 (4, 6..)**	**(alte Norm: A (B, C..)**
Entlüftung (Abfluss):	**3 (5, 7..)**	**(alte Norm: R (S, T..)**

1 Ergänzen Sie den Text.
Schreiben Sie zu den Sinnbildern die entsprechenden Ziffern für die Anschlüsse. Markieren Sie bei den Sinnbildern jeweils mit x die Schaltstellung, welche in der Ventilabbildung dargestellt ist.

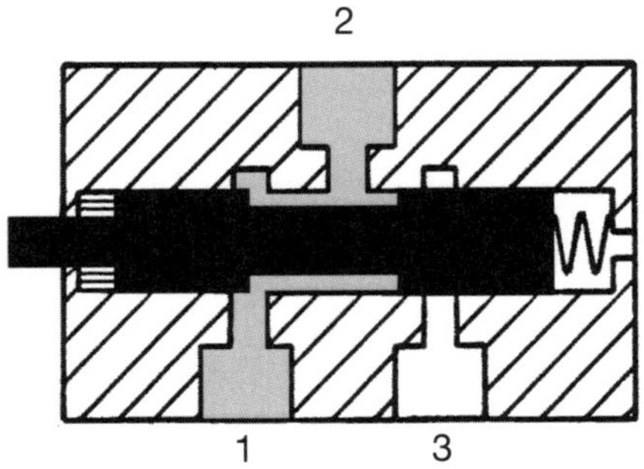

3/2 Wegeventil

Dieses Ventil hat ______ gesteuerte Anschlüsse.

Dieses Ventil hat ______ Schaltstellungen.

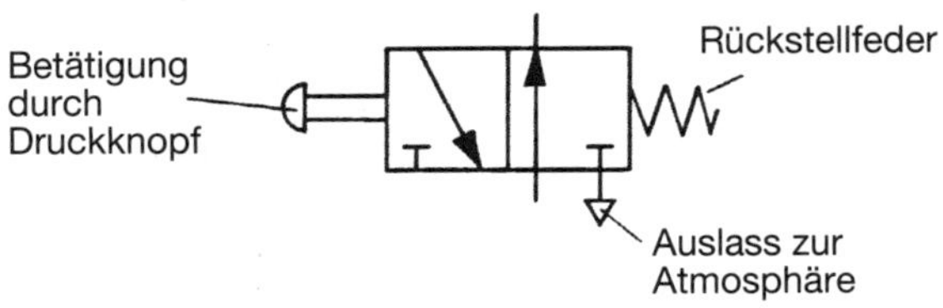

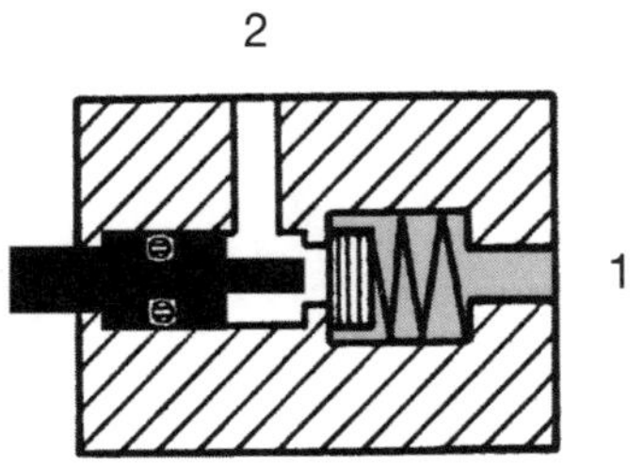

____
(Ventilbezeichnung)

Dieses Ventil hat ______ gesteuerte Anschlüsse.

Dieses Ventil hat ______ Schaltstellungen.

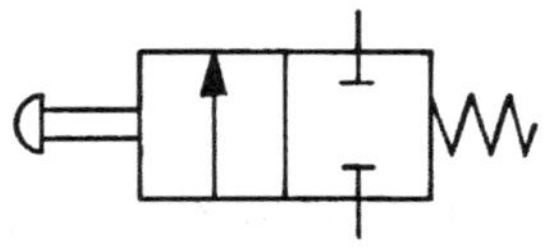

Name:	Klasse:	Datum:

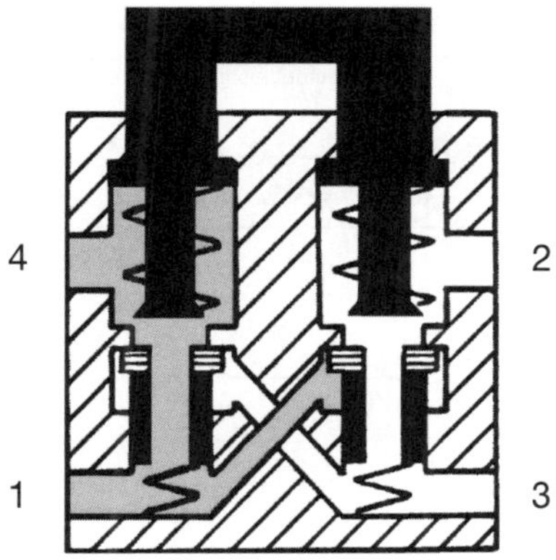

____
(Ventilbezeichnung)

Dieses Ventil hat ______ gesteuerte Anschlüsse.

Dieses Ventil hat ______ Schaltstellungen.

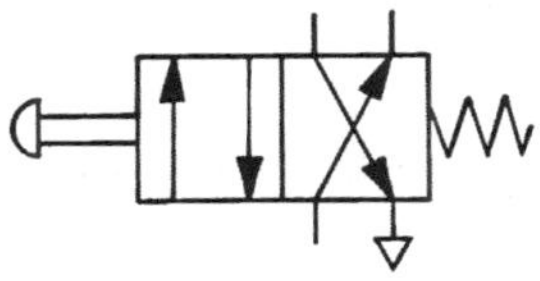

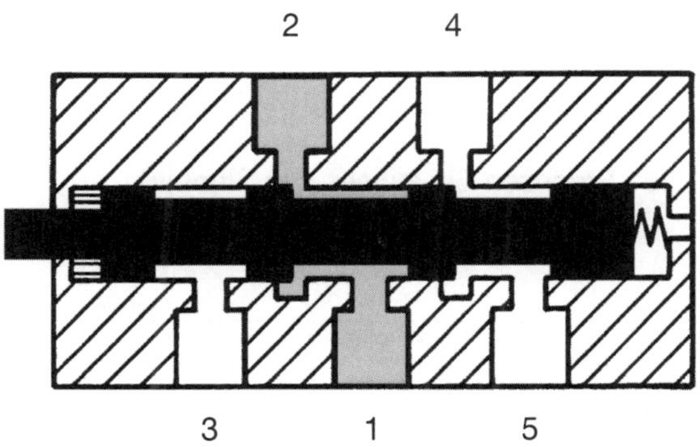

____
(Ventilbezeichnung)

Dieses Ventil hat ______ gesteuerte Anschlüsse.

Dieses Ventil hat ______ Schaltstellungen.

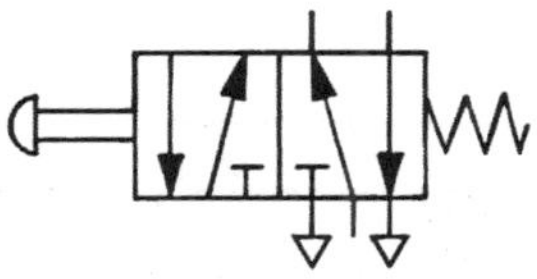

2 Wegeventile können auf unterschiedliche Weise betätigt werden. Welche Betätigungen sind in den folgenden sinnbildlichen Darstellungen gemeint?

 ______________________________

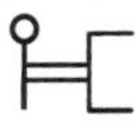 ______________________________

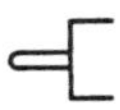 ______________________________

 ______________________________

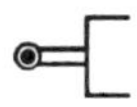 ______________________________

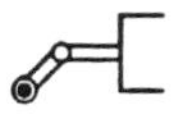 ______________________________

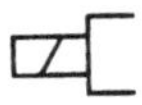 ______________________________

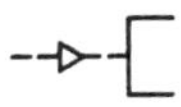 ______________________________

G. Stromventile

1 Welche genauere Bezeichnung haben die abgebildeten Ventile? Ergänzen Sie jeweils das Sinnbild.

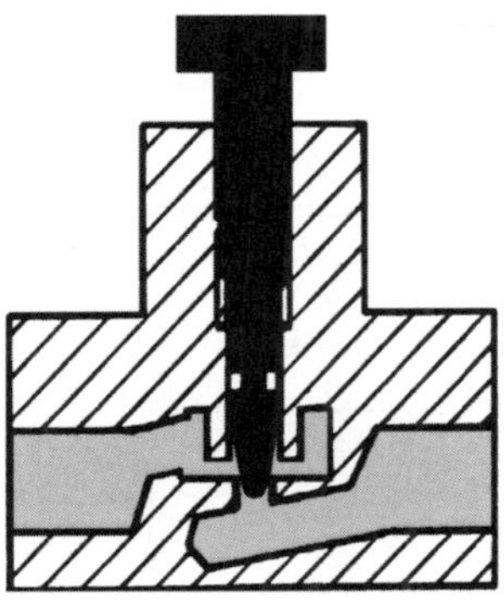

____
(Ventilbezeichnung)

 bedeutet: ______________________________

____

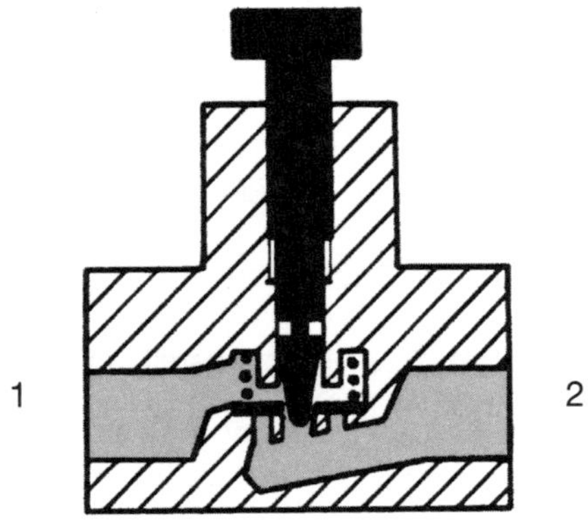

____
(Ventilbezeichnung)

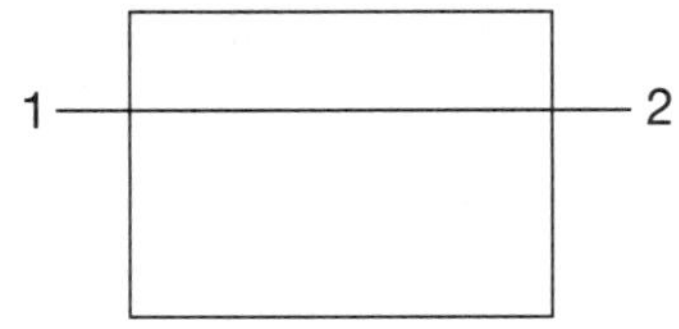

2 Wie funktioniert ein Drosselrückschlagventil?

Wenn der _______________ **von 1 nach 2** fließt, kann er mit der Drosselschraube stufenlos _______________ werden. **Von 2 nach 1** fließt der _______________ dagegen _______________ .

H. Sperrventile

Welche genauere Bezeichnung haben die abgebildeten Ventile? Ergänzen Sie jeweils das Sinnbild.

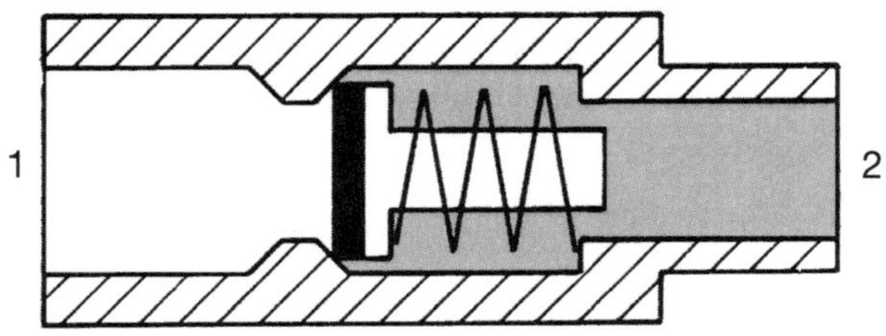

____
(Ventilbezeichnung)

Das Ventil ist _______________, wenn der Luftstrom von 1 nach 2 fließt.

Das Ventil ist _______________, wenn der Luftstrom von 2 nach 1 fließt.

1 ——— ——— 2

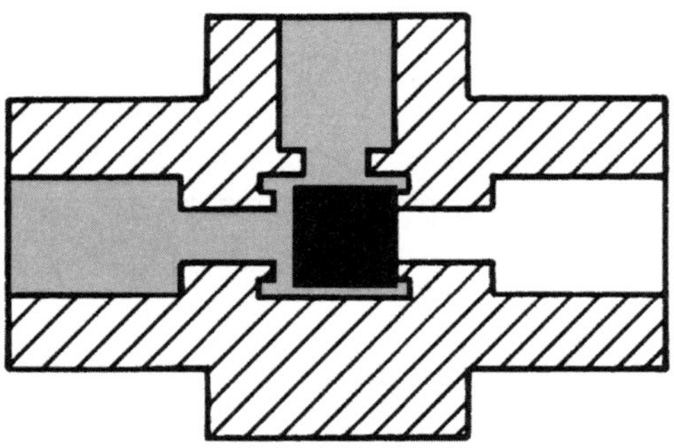

____
(Ventilbezeichnung)

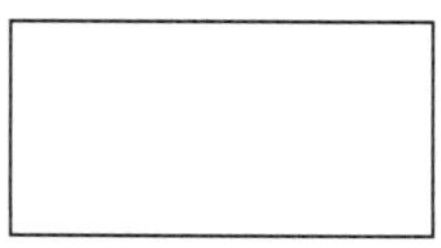

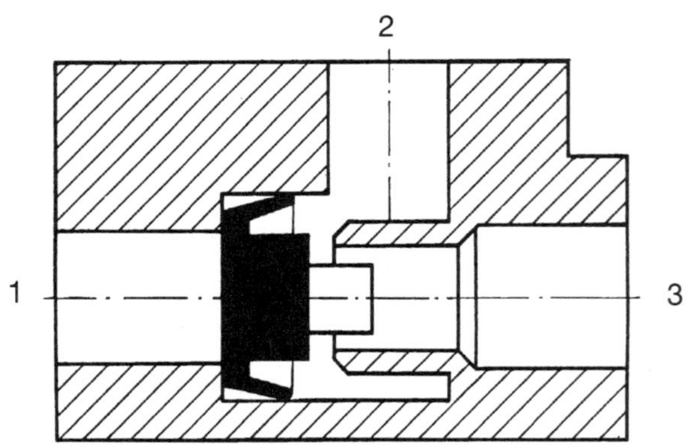

____
(Ventilbezeichnung)

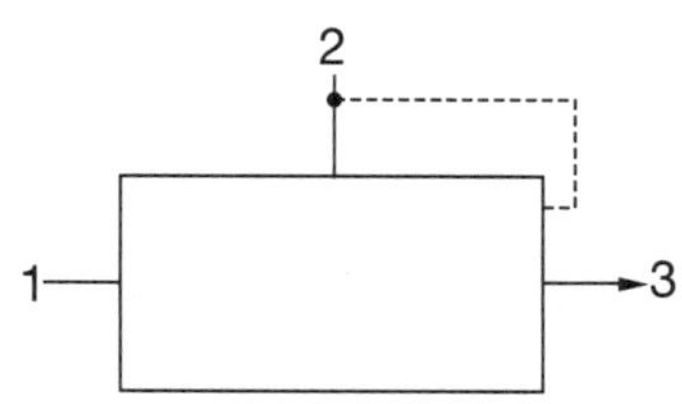

Name: Klasse: Datum:

I. Schaltplan

Beispiel:
Transportanlage
(Ein Paket soll angehoben und auf ein Förderband geschoben werden.)

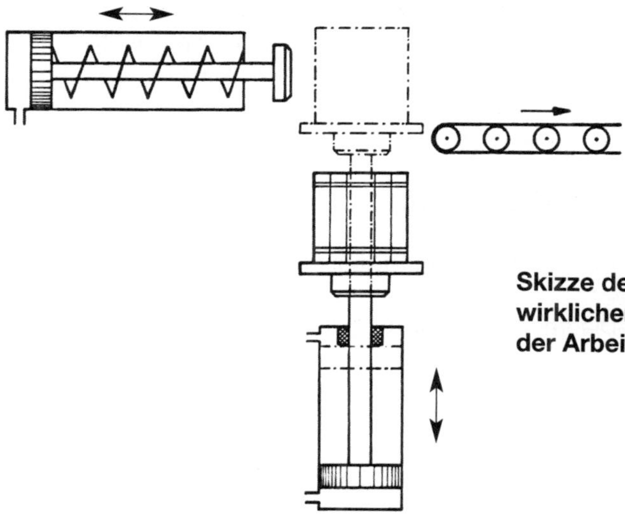

Skizze der wirklichen Lage der Arbeitsglieder

Aus der obigen räumlichen Skizze ergibt sich folgender **Schaltplan:**

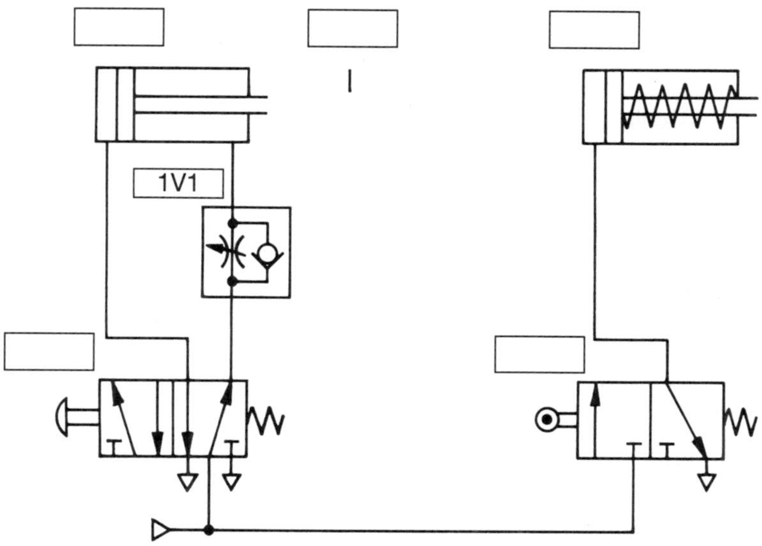

1 Wie heißen die einzelnen Teile der Anlage (Fachausdrücke)?

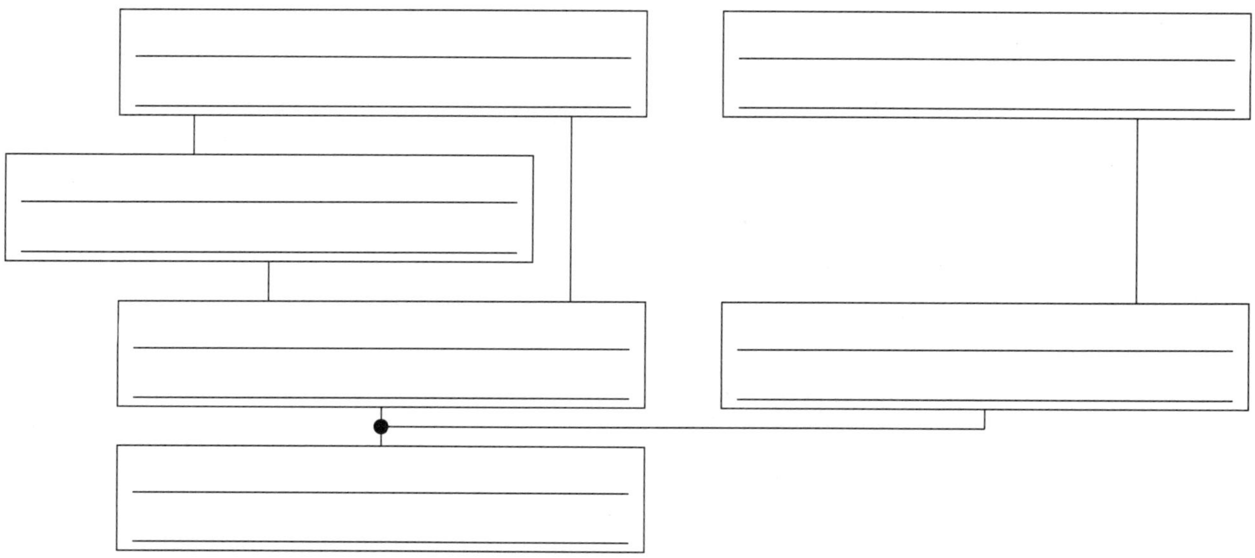

2 Die einzelnen Teile der Anlage werden nummeriert. Dabei wird der zuerst tätige Zylinder mit 1A bezeichnet.

Der zweite Arbeitszylinder 2A wird erst tätig, wenn der erste Arbeitszylinder 1A ausgefahren ist. Zu diesem Zweck betätigt der fast ausgefahrene erste Arbeitszylinder die Rolle des Wegeventils 1S2. Im Schaltplan gibt man diese Betätigung an, indem man auf die entsprechende Seite des ersten Arbeitszylinders die Nummer des betätigten Ventils schreibt und einen kleinen senkrechten Strich darunter setzt.
Tragen Sie die Arbeitszylinder 1A und 2A und die Wegeventile 1S1 und 1S2 im Schaltplan S. 109 ein.

K. Weg-Schritt-Diagramm

1 Welchen Zweck hat ein Weg-Schritt-Diagramm?

Ein Weg-Schritt-Diagramm gibt an, in welcher ____________________ die einzelnen ____________________ eines pneumatischen Systems ____________________ werden und wie sie ____________________ werden.

2 Was bedeuten die einzelnen (mit I–V gekennzeichneten) Linienabschnitte in einem Weg-Schritt-Diagramm?

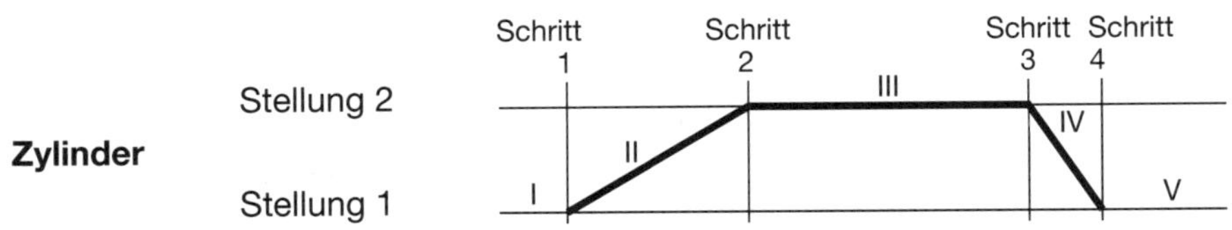

I ≙ Zylinder ____________________

II ≙ Zylinder ____________________

III ≙ Zylinder ____________________

IV ≙ Zylinder ____________________

V ≙ Zylinder ____________________

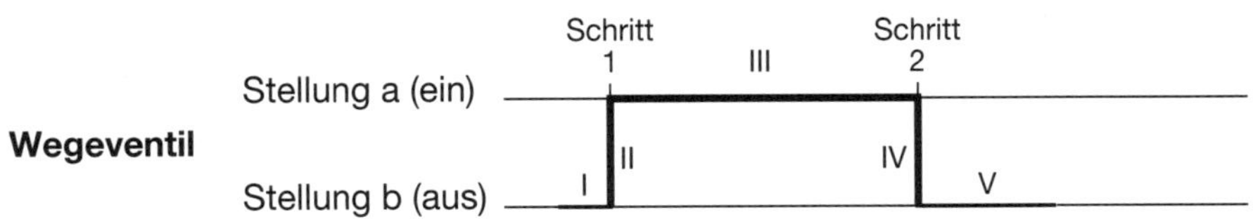

I ≙ Ventil ____________________

II ≙ Ventil ____________________

III ≙ Ventil ____________________

IV ≙ Ventil ____________________

V ≙ Ventil ____________________

3 Im Folgenden haben Sie das Weg-Schritt-Diagramm der Transportanlage (vgl. S. 109) abgebildet.

Bauelemente			
Benennung	Nr.	Lage/ Zustand	
doppelt wirkender Zylinder	1A	2 1	
einfach wirkender Zylinder	2A	2 1	
5/2 Wegeventil	1S1	a b	
3/2 Wegeventil	1S2	a b	

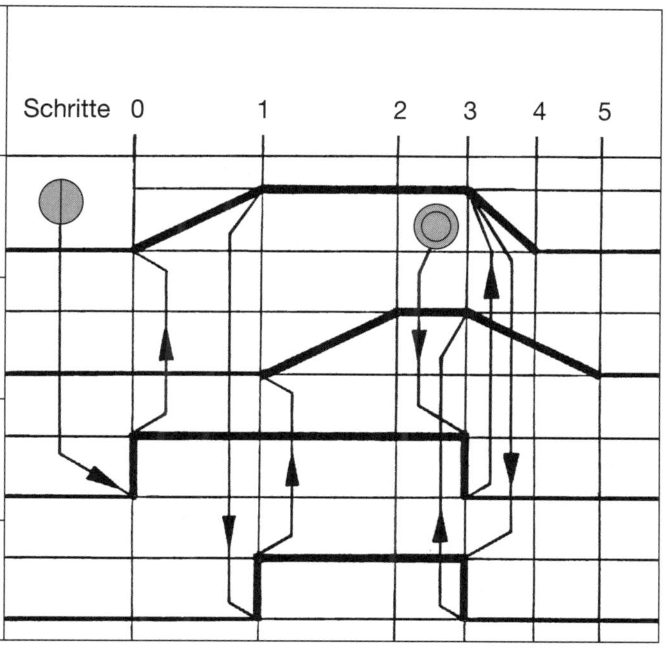

Erläuterung: ≙ Ein (Knopfdruck am 5/2 Wegeventil)

≙ Aus (Loslassen des Knopfes am 5/2 Wegeventil)

≙ Signallinie (gibt Steuerwirkung an)

Ziehen Sie die Signallinien farbig nach und stellen Sie fest, welche Glieder sie jeweils verbinden.

4 Beschreiben Sie anhand des Weg-Schritt-Diagramms nun die einzelnen Funktionsabschnitte der pneumatischen Transportanlage. (Vgl. Sie dazu auch immer den Schaltplan.)

1. Drücken des Druckknopfes am Wegeventil 1S1
↓
2. Wegeventil 1S1 geht in Stellung ________ .
↓
3. Zylinder [____] fährt in Stellung ________ .
↓
4. Wegeventil [____] geht in Stellung ________ .
↓
5. Zylinder [____] fährt in Stellung ________ . (≙ Paket auf Förderband)

6. Loslassen des Druckknopfes am Wegeventil 1S1.
↓
7. Wegeventil [____] wird durch Feder zurückgestellt in Stellung ________ .
↓
8. Zylinder [____] fährt in Stellung ________ .
↓
9. Wegeventil [____] wird durch Feder zurückgestellt in Stellung ________ .
↓
10. Zylinder [____] wird durch Feder zurückgestellt in Stellung ________ .
(≙ alle Zylinder und Wegeventile haben wieder die gleiche Stellung wie vor dem Drücken des Druckknopfes).

5 Warum erscheint das Drosselrückschlagventil 1V1 nicht im Weg-Schritt-Diagramm?

____

____

____